私の刑法研究

人生は大事なことほど
偶然で決まる、
ではどう生きるか

西原　春夫

成文堂

はしがき

今年の三月で八十七歳になった。来年は八十八歳、何と米寿を迎える。本文に書いたように、私は食べるものが十分にない戦中戦後に育ったから、栄養不良で長生きはできないだろうと思っていた。ところが予期に反してこの歳になっても若者に負けず仕事ができるほどに健康に恵まれたのは、まことに幸せと受け取らざるを得ない。そのように生かして頂いていることに対しては、ただただ天に向かって合掌、感謝するほかはない。

本書は私が企画したものではなかった。聞き手になって頂いた井田良、佐伯仁志、高橋則夫の三先生の発案になるものである。私は確かに長い間刑法研究者としての道を歩み、それ相応の成果も上げてきたと自負しているが、たとえば先年亡くなった畏友中山研一博士のように、それこそ死の直前まで刑法の研究に専念したというのとは異なり、かなり脱線した。犯罪と刑罰の研究は若い人たちに委ね、犯罪の親分ともいうべき戦争と、その対極にある平和の問題に、実践を含めて取り組むのは我々年配者の責務と考えたからである。それは学園生活の中で、刑法研究者という立場以外に大学運営の役職を仰せ付けられることになった時代の成り行きに根本的な原因がある。もしそういうことがなければ、私も中山博士と同じように刑法学の道を貫けたかもしれない。しかし結果としてはそうはなりえなかった。これが私の宿命だったのだろう。「人生は大事なことほど偶然で決まる」という、本書で紹介したようないくつもの体験が生み出した私の根本的な人生観は、このような私の生き方の変遷にもずばり当てはまる。

刑法研究者としての道が貫き通せていないにもかかわらず、本書の企画に応じたのは、振り返ってみれば、私の刑法研究者としての歩みそのものにも、偶然が大きく影響していることを感じていたからである。もし本書を通読して頂けるならば、形はそれぞれの人ごとに全く違うけれども、すべての人に共通に当てはまる「人生は大事なことほど偶然で決まる」という原理が、私の刑法研究者としての生き方の変遷に実に明快に表れていることをお感じになることだろう。それが世の人々にとって意味があるとすれば、私がなぜ法律学を志したのか、その中でなぜ刑法学を選んだのか、私がなぜそのテーマについて研究し、本を出したのか、それらの原点を探り出そうという本書の意義は、類書のない面白いものになるに違いない、そう考えてお引き受けすることにした。

ここまで読んできた読者の方々の中には、人生が偶然で決まるのであれば、自堕落な生活をしてもいいということになりはしないか、意思とか理想とか努力などは意味をなさなくなってしまうのではないか、といった疑問を抱かれる方がいらっしゃるに違いない。その疑問はもっともである。しかし私は決してそのようには考えていない。本書をお読み頂ければ、偶然が降ってくるには、降ってくるだけの（これもまた偶然の産物であるけれども）努力の蓄積が前提になっていることにお気づきだろう。降ってきた偶然によって開かれた道をひたむきに歩み続ける間に、それに報いる偶然がさらに降ってくるという連鎖をお感じになるに違いない。本書は、「人生は大事なことほど偶然で決まる」と言うだけでなく、これに対して、「では、どう生きるか」という答も準備できたのではないかと考えている。

したがって、本書は単なる自伝ではないものになった。自分の過去を語りながら、人生の深みを探り出しえたのではないかと考えている。本書をそのような水準にまで高めたのは、ひとえに聞き手であるお三人の先生の聞き方上手によるものであった。本書を企画して下さったこととともに、ここに心からの感謝を捧げたい。また本書の編集、発行について並々ならぬご尽力を頂いた株式会社成文堂の阿部成一社長、前社長阿部耕一会長、田中伸治編集部「刑事法ジャーナル」編集長はじめ成文堂の皆さんに厚く御礼申し上げたい。

二〇一五年四月一〇日

西原　春夫

目次

第一章　西原刑法学とドイツ刑法学

一　ドイツとの関係

1　はじめて読んだ外国小説としてのヘルマン・ヘッセ

井田　西原先生の刑法学の基盤ないし骨格は、やはりドイツ刑法学との格闘によって形成されたということができると思います。先生の研究者としての人生にとり、ドイツとの関わりは決定的です。先生のドイツとの出会いは、いつのことなのでしょうか。

西原　ドイツとの出会いということになると、少し刑法学を離れて、私の子どもの頃からの話をしなければなりません。私の父親は西原慶一といって、小学校国語教育、作文教育の専門家。ですから家には本がいっぱいあふれていて、子ども部屋にも親父の本が置いてありました。そういう中で育ったものですから、私は子どものころから勉強そっちのけで本ばっかり読んでいた、ませた文学少年だったのです。たとえば「のらくろ」の漫画から始まって、少年講談とか世界少年少女文学全集とかは小学校の低学年で卒業、次は夏目漱石の『坊っちゃん』から始まって、だんだんと日本文学の中枢に入っていきました。小学校の三、四年生時代にはそんなものを読むようなませた文学少年でした。

そんなころ、親父の本棚の中にヘルマン・ヘッセの『車輪の下』という本を発見したのです。

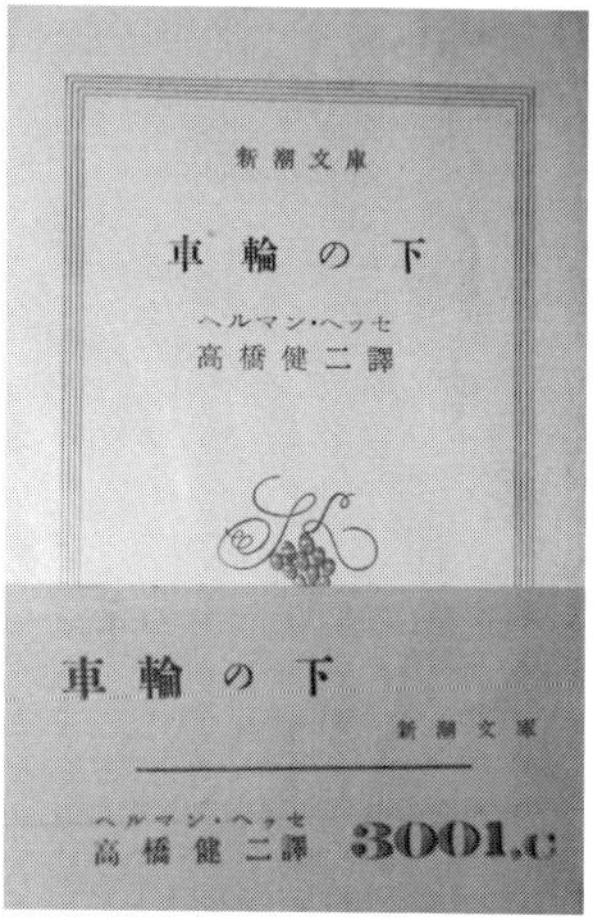

ヘルマン・ヘッセ『車輪の下』

それが外国文学を読んだ最初なのですね。どうして親父の本の中にそれが入っていたかというと、当時、ヘルマン・ヘッセの翻訳者として大変知られていた高橋健二先生が親父と同じ成蹊学園に勤めておられて、どういうわけか専門が違うのに、私の両親が高橋健二先生の仲人をやっているのです。だから、先生は翻訳ができるたびに、その作品をうちの親父に届け、それが本棚の中にあったと、そういうことなのです。

私は初めて外国文学を見て、日本文学とまるっきり違うので大変驚き、感銘し、それからしばらくドイツ文学のほうへ傾斜していったのです。たとえば、当時ですからハンス・カロッサとか、トーマス・マンとか、そういうものを読みふけるようになっていきました。これがドイツとの関わりの最初なのですね。

井田　そのときの先生はおいくつだったのですか?

西原　小学五年生の時ですかね。

井田　そんなに早くから（笑）。

佐伯　早熟ですね。

西原　いや、六年生のころには、もう永井荷風とか田山花袋とか菊池寛とかの主要作品まで読み漁っていたのですから。

佐伯　早熟過ぎる（笑）。

西原　だから、勉強そっちのけだった。私の通っていたのは成蹊の小学校で、うちの親父が成蹊の小学校に勤めており、当時は教職員の子どもの学費は免除だったので、私はおぼっちゃんではないけれども、おぼっちゃん学校の成蹊に入ったわけです。成蹊には当時小学校の上に七年制の旧制高等学校があったので、当然のようにそこに進学した。七年制高校は前半と後半に分かれていて、今の中学に当たる尋常科は四年、今の高等学校に当たる高等科は三年でした。ちょうど尋常科の一年の時に太平洋戦争が起こり、高等科の一年生の時に敗戦を経験したのです。

2　人生を決めた終戦直後のクラス再編成

西原　戦争中の学校生活がどうだったか、いろいろ話したいことがいっぱいあるけれども、すべて省略してドイツとの関係だけに限定すると、旧制の高等学校はまず文科と理科に分かれていました。そして、文科も理科もさらに甲類と乙類に分かれていたのです。略して、理甲・理乙、文甲・文乙と呼んでいました。理甲というのは理学とか工学方面に行く人、理乙というのはお医者さんとか薬学の方向に行く人、それで、文科の場合には、第一外国語を英語とするのを文甲、ドイツ語とするのを文乙と、こういうふうに分かれていたのです。

　私は前にお話ししたようにドイツ文学にのめりこんでいたものですから、当然のように文乙に入りました。当時は戦争中で、イギリス、アメリカは敵、ドイツは仲間ですから、文科に入ったのが三〇人ぐらいで、文甲、文乙もほぼ半々ぐらいだったのですね。しかし、高等科に入ったのは昭和二〇年四月ですから、授業はまったくなかった。

　八月一五日に戦争が終わって、九月になってから、これから授業が始まるということで、改めて理科から文科へ、文科から理科へ、文乙から文甲へという「転科、転類」を認めることになったのです。戦前の旧制高校における文科と理科の分類は今からでは想像もつかない大変重大なことだったのですね。極端に言うと、命に関わる分類だったのですよ。というのは、理甲、理乙、つまり、理工系に進む人は、大学に行くと徴兵猶予があった。ところが文科系は徴兵猶予がないのです。したがって、大学在学中に徴兵検査を受けて戦地に行く可能性が文科のほうにはあった。したがって、本来は文科系に行きたいのだけれども理工系に行った生徒がかなりいた、こういうことになるわけですね。しかも、文甲、文乙になりますと、入った時にはイギリス、アメリカは敵だった。ドイツは味方だった。ところが終戦後はこれが逆転した。こういうことだから、転科、転類を認めるというのは合理的な措置だったのです。

成蹊学園

親父に相談をしてみたところ、親父は「これから英語の時代になるのだから、文甲のほうに転類したらどうか」と言ったのです。私も気持ちの上では引っかかるところがあったけれども、頭の中ではそういうのが筋だろうと思い、「文甲のほうに行こうかな」という方針でその日に臨みました。

先生がアイウエオ順で聞いていくと、今まで理科だったのが片っ端から文科になり、今まで文乙だったのが片っ端から文甲に移っていくのです。それを聞いているうちにだんだん腹が立ってきて、私の番になった時には大きい声で「文乙！」と言った。それが、実は人生を決定しているのですね。

「運は一瞬、縁は一生」と言われますが、本当に不思議なことですけれども、私は、人生というのは重大なことほど偶然で決まると思っているのです。あまりたいしたことではないことほど、頭でどうだ、こうだと言って議論する。そういうふうに思うのですが、そのいい例ですね。そんなことで、文乙になったのです。

井田　その当時、文乙を選択することは、そのまま法律学を選択することを意味しなかったわけですね。

西原　日本の刑法や刑法学はドイツ系統ですから、文甲より文乙に入った方が結果としてそれに近づいたことになります。ただし当時の私にはそんな意識はありませんでした。

高橋　転科によってクラス構成はどうなったのでしょうか。

西原　それまでは文科が三〇人だったのが、転科によって理工のほうから二五人来て五五人になった。五五人のうち、文乙はたったの九人。メンバーを見ますと、みんな何かを持った一刻者ばかりでした。やっぱり普通ではないですよ。英語の時代に敗戦国仲間のドイツ語をやろうというのですから。だけれども、その意味では大変面白いやつが集まっていて、中には高校在学中は社会主義者だったのに卒業後は日銀に入ったやつや、晩年に東芝の副社長までいった優れたやつも入っていました。しかもたったの九人。国語とか歴史とか哲学とか、そういう授業は文甲、文乙一緒に受けたけれども、語学だけは全然別ですから、ドイツ語の授業はたった九人。ですから、指される順番が何回も何回も回ってくる。居眠りもできない。しかも大変優れた素晴らしい先生がいらっしゃったこともあって、ドイツ語の学習には格別に恵まれることになりました。

こういうドイツとの関わりが、やがてドイツ刑法学と関わっていくなんて夢にも思っていませんでしたけれども、結果としてはそれが非常に大きな背景になったと、そんなふうに考えています。

3　旧制高校時のドイツ語授業

高橋　旧制高校の授業はどういう授業だったのですか。

西原　小さな九人だけの小部屋、元物置みたいな部屋を改装して教室にして、九人で授業やっていたのですよ。

高橋　講読とか、会話とかもやるのですか?

西原　講読では『ファウスト』の第一部をほとんど読みました。それからサッフォーの『グリルパルツェル』を読みました。『ファウスト』を教えて下さったのは、成蹊名物の倉石五郎先生、大変厳しい先生で、毎回授業の冒頭にディクテーションがあるのです。

井田　ドイツ語でいう「ディクタート」というやつですね。

西原　ええ。先生が発音したのを書かせる。

井田　いきなり書き取りですか。

西原　書かせる。それを次の授業の冒頭に点数をつけて返すのですよ。できるほうから返すのです。いつ順番が回ってくるか気が気ではない（笑）。それがもう毎回ですよ。本当にドイツ語が身体いっぱいに入らざるをえないような授業だったのです。しかも、仲間がみんな面白い人間ばかりですから、素晴らしい高校生活を送ることができました。

井田　先生は、昭和二四年四月に早稲田大学の第一法学部に入学され、その三年生になります。これは旧制から新制への移行に伴う過渡的措置ということですが、いずれにしてもこの時点で、はっきりと法律学を専攻するという決断をされたわけです。はたして何が先生を動かしてその決断をさせたのでしょうか。

西原　先ほど申したように私はものすごい文学少年でしたから、当然そういう方向に行くものだと思っていたのですよ。ですから、大学受ける場合は文学部を受けるのが普通だし、できたら京都大学の文学部に入りたいなと思ったこともあったのです。ただ終戦直後で、親もたくさんの子どもを抱えて大変な状態だったので、京都へ行くなんてできなくなったのですが、だんだんと考えが変わったのはやっぱり終戦なのですね。

今の若い方には終戦当時の状況っていうのは想像つかないだろうと思うのです。知識として知っていらっしゃるのだろうけれども、本当に日本は無一文になったのですね。東京は焼け野原です。そこへたくさんの元兵隊が帰ってきて、あふれかえって、闇市なんかが栄えていた。日本国民全部が腹を減らしていたのです。そういう状況を見て、とにかく日本は国を興さなきゃいけないと思った。そうすると文学だ小説だとかいうのはもう趣味の問題であって、それよりやはり国を興すのに直接役立つ人間になるべきではないか。それでは一体国を興すにはどこが問題なのだというふうに高校生なりに考えてみると、国っていうのはいろんな見方があるけれども、国の骨組みは憲法を頂点とする法律から成り立っているらしい。したがって、その法律というものをよく知らなければ国を復興することもできないと考えて、法学部に入ろうということになったのですね。高校でドイツ語が第一外国語でしたから、ドイツ語で早稲田の試験を受けて入った、こういうことですね。このような経緯で法学部に入ったということが、確実にその後刑法を選んでいく背景になったのです。

井田　ここで、もうひとつお聞きしたいのですが、先生、ご高齢になっても大変お元気でいらっしゃる。学問についてお教え下さるばかりでなく、先生のようにずっと若くいられる秘訣についてもぜひご教示いただきたい（笑）。私は、それは若い時の身体の鍛え方、あるいは心身の鍛練方法にその理由があるのではないかとにらんでいます。すなわち、先生が、若い時に水泳をおやりになったことが一番大きな意味を持ってるのではないかと思っているのです。そこいらへんのお話をぜひお聞かせ下さい。

西原　これにも偶然が大きく働いているのですけど、うちの親父は師範学校時代にテニスの選手だったのです。だから小学校時代、私と親父とは庭でテニスをやったりなんかしていました。

そういうことで、中学に入ったらすぐに庭球部に入ってるのですよ。ところが一年前の小学校六年生の時に成蹊に初めてプールができて、そのプールへ毎日のように水泳部の練習を見に行っていた。私は星座がうお座だからでしょうか（笑）。うお座のせいかどうかわからないですが、なんか泳いでいる人の作り出す波の様子とかそういうのを見ると、心が揺さぶられるのですね。そういうことがあったものですから、中学に入って庭球部に入ったけれども、六月ぐらいに暑くなったら、もういてもたってもいられなくなって水泳部に入っちゃったのですね。そういうこともあって、中学、高校時代は水泳の選手でした。私自身はそれほど強くなかったけれども、部としては大変強くて、全国制覇ではないけれども、その次ぐらいまでいったのです。

早稲田大学の学部在学中は、二年間母校の中学、成蹊中学の監督をやりました。東京都選手権で優勝をし、当時あった全国大会でも、学校別の採点をすると全国優勝してたというような成果まで上げたのです。これは今日の話の中では傍論ですけれども、私の水泳部生活はただ身体を鍛えた、精神を鍛えたというだけではなくて、リーダーとしてのあり方の勉強に結果としてはなったのですね。私の精神構造の中に非常に深い影響を与えたことは疑いありません。

佐伯　文学青年と言うと、青白くて暗いといったイメージがあるのですけれども、先生の場合はスポーツと文学という繊細なものとがバランスをとって共存していたのですね。

西原　そうですね。水泳ですから真っ黒く陽焼して。でも依然文学青年だったのです。

二　ドイツ刑法学との出会い

1　大学入学と恩師齊藤金作先生との出会い

井田　法学部に入られてから、いろいろな授業をお聞きになったと思います。当時の講義で印象に残っている講義ですとか、あるいはそこでとくに学ばれたものとか、何かいま思い出されることはございますか。

西原　今申したように、大学在学中は母校の水泳部の監督をやってましたから、午後の授業はほとんどやめて、できるだけ午前中に授業を詰め込んで、というようなことであったし、当時また、兄弟姉妹がたくさんいて親も大変だったですから、授業料を自分でまかなうためにはバイトもしなきゃいけないということもあって、非常に不真面目な学生だった。

ただ、その中で私はほとんど優を取ってるのですよ。午後の授業はほとんど出てないのに優をいただいた理由はよく分からないのですけれども。そういう授業の中で欠かさなかったのが、齊藤金作先生の授業でした。齊藤先生の教育方針というのは、細かいことは本を読めばいいのだ。問題は本を読ませることなのだと。つまり、私の授業を聞くと、刑法を勉強しなければ、刑法の本を読まなければ居ても立っても居られなくなるような、そのような授業がよい授業なのだと、

恩師 齊藤金作先生

こういう考え方でした。

実際その通りであって、刑法の話は半分ぐらいで、あとの半分は脱線。脱線だけれども、単なる冗談を言うとかではなくて、そこに非常に深い人生論、人としての生き方とか、ものの見方とか、そういうものが出てきて、それがいつの間にか刑法学のものの考え方へ伝わっていく、そういう授業でした。とくに私は文学少年ですから、法律の中でも刑法っていうのは一番人間臭いでしょ。つまり、犯罪なんていうのは欲望の産物ですよね。しかも考えてみれば、犯罪を犯させなくする刑法の規定もまた欲望の産物なわけですから、そういうドロドロとした人間の精神構造が一番直接表れているのが刑法だった。したがって、その齊藤先生の授業の魅力と相まって、大学在学中に刑法そのものに魅せられていった。

先程申したように学部時代は水泳部の監督をやって、おざなりな法律の勉強しかしてないから、これはもう大学院に入って、改めて勉強し直さなければいけないということで、水泳は学部時代終了とともにぴったりとやめて大学院に入った、こういうことです。

それで、大学院に入るについては、迷うところなく刑法を採り、齊藤先生を指導教授にした、こういうことになりますね。

井田　今ですと、学生は講義を聴きながら、それに並行して、教科書を読み込もうとすると思います。当時、先生は齊藤先生の講義を受講しつつ、何か教科書を読んだり、齊藤先生の論文を読んだりなさったのでしょうか。

西原　いや、もう学部時代はただ単位を取るだけでした。

井田　そうですか。ちょっと安心しました（笑）。

西原　ですから、たとえば齊藤先生の講義を大変興味深く聞きながら齊藤先生の論文を探して読むとか、そういうこともしていない。要するに、学部時代の私は不良学生だったと思うのです。

高橋　ゼミのようなものにお出になっていたわけではないのですか。

井田　ゼミとか演習とかは当時もあったのでしょうね。

西原　演習はいろいろ出ました。それは実務家の方が教えて下さって、いろいろでしたね。

井田　刑法以外で、記憶に残っている講義とかはございますか。

西原　たとえば、法社会学の戒能通孝先生。法社会学という学問分野は戦後初めてできたようなもので、初学者の私にも大変新鮮なものに映りました。しかも私の聴いたのは法社会学の授業ではなくて、民法でした。民法の解釈の中に法社会学的なものの考え方や、研究方法が混ざり込んできた場合にどうなるか、戒能先生の授業でそれがはっきりして大変面白くて、興味を持ったことは確かですね。

佐伯　大学院に入る時の面接試験で初めて齊藤先生と直接話をされたわけですか。

西原　いや、学部の終わり頃、入学試験の前に、一度先生の研究室へ夜訪ねて、「先生のところを受けたいと思う」と言ったことはあるのです。その時の齊藤先生にとってはただ「西原」という一学生が訪ねてきたという意識だけだったと思いますけれど、大学院の、おそらくドイツ語の入学試験の成績、これが非常に良かったことから、先生が私に注目して下さったのではないかなと推測しているのです。ところが私は、実は大学院に行って刑法の勉強はするけれども、刑法の専門家になるつもりはまったくなかったのですね。

高橋　それは、はじめてお聞きすることです。

西原　こういう学生も多いと思うけれど、「司法試験でも受けて」というふうな感じで、将来どういう方向に行くかはまだ決めずに大学院に入っただけだったのです。

大学院の入学試験の時には面接もありました。面接の時に、先生は「大学院に入って何をやるのだ」とおっしゃったので、今申したようなことを言った記憶があります。それに対しては何も発言はなかった。まだ入る前ですからね。

井田　先生は、昭和二六年四月、大学院法学研究科に進学され、齊藤先生の研究室に入られました。ギルド的な師弟関係の中に組み込まれたというイメージをもってしまうのですが、その当時の研究室の雰囲気というのはどういうものだったのでしょうか。

西原　そのとおりなのですね。齊藤研究室の先輩は何人もいらした。私は戦後発足した新制大学の最初の卒業で、新制大学院の第一期生なのですね。したがって、私の前の先輩はみなさん旧制の方々でした。旧制の大学院というのは新制の大学院とは違って、教室での授業というのはないのですね。ただただ先生の指導を受けてのれん分けをしていただくというような、そういうものだった。したがって、大変多様な方々が研究室にいらっしゃった。だけども、中で刑法の教授として残った方は一人もいらっしゃらない。つまり、私が初めてです。

高橋　ああ、そうですか。

2　メッツガーの『刑法教科書』

井田　齊藤先生はどういう指導をされたのでしょうか。

西原　新制の大学院ですから教室での授業があるのですね。その授業のほかに、先生は研究室の中に私のためだけに机を用意して下さって、そしてこういうことを言われた。「まあ、司法試験を受けるなんてやめて、私と一緒にドイツ語の本を読もうよ」と。

高橋　研究室に入られてすぐからですか。

西原　すぐです。これはもう直後で。

高橋　しばらく先生をご覧になった後、「これはなかなか見どころがあるな」というわけではないのですね。

西原　そうではなくて、もういきなり。

高橋　いきなりですか。

西原　いきなり。

高橋　一目惚れされて（笑）。

西原　いやそうではなく、これはあとから分かったことなのですけれど、先生はちゃんと調べられたらしい。何を調べたかというと、ドイツ語の成績だけではなくて、私の叔父、親父の弟が西原寛一といって、商法の専門家で、戦争中京城帝国大学の教授をやっていて、戦後大阪市立大学、神戸学院大学の教授をやり、学士院会員になった法律家がいるのですね。その息子が西原道雄といって、東大で民法を学んで、神戸大学の教授、学部長をやったりなんかしているのですね。そのへんをちゃんと調べられたらしい。もうひとつは、たとえば、私の親父が先ほど申したように国語教育の専門家だったのですけれども、戦前、『言葉の躾』という本を出して、これがものすごく売れた。先生、それをちゃんと持っておられた。どういうわけか。

高橋　それも偶然というか縁というものでしょうね。

西原　あとでこの本を私に見せているのです。そういうのをちゃんと調べた上で、最初から先生は、少なくとも後継者候補として私を育てようと考えられたように見受けられます。そういうことで「本を読もう」ということを言われて、具体的にはメッツガーの『刑法教科書』（*Edmund Mezger*, Strafrecht, ein Lehrbuch, 3. Aufl. 1949）。

井田　有名な第三版ですね。

西原　第三版。実は齊藤先生は戦前ドイツへ行かれて、メッツガーからこの本の翻訳権を得ておられる。したがって、この翻訳を完成させて出そうということで、この翻訳をやるのを指導するという形で、私に刑法の指導をされた

そしてその相棒が中央大学教授になられて先年亡くなられた下村康正先生。どうしてその方が相棒になられたかというと、早稲田大学というのは昭和一桁の終わりごろまで刑法の専任教授がいなかった。したがって、実務家の方々に来ていただいた。それで、早稲田大学の場合には、大審院判事の草野豹一郎先生が非常勤講師として教えに来ておられて、齊藤先生はその草野先生の授業を聞いて、そして学校へ残って、昭和三年、一九二八年ですけれども、最初の助手になった、こういうことですね。したがって、齊藤先生は草野先生の一番弟子だったわけです。草野先生は早稲田大学とともに中央大学にも教えに行っておられて、中央大学では戦後もずっと教えに行っておられた。そこで、草野先生のいわば最後の弟子になられたのが下村先生です。で、草野先生も歳をとられたということで、齊藤先生は自分の若い弟弟子に当たる下村先生、ドイツ語のよく

できる方ですので、弟弟子の下村先生と直弟子の私の二人にこのメッツガーの教科書の翻訳をやるという形で教えて下さることになったのです。

翻訳をやるということですから、たとえば「三頁分、訳してこい」とあらかじめ言われるのですね。週何回だったかよく覚えていませんけども、週二回ぐらいだったと思います。三頁か四頁訳してこいと言われるのですけれど、その指導は毎回もう一頁もいかない。

井田　懇切丁寧な指導だったのですね。

西原　つまり、内容的に「この表現はこういうことを言ってるんだよ」とか、「こういう背景があるからこうなんだよ」というように、刑法学の背景の説明もして下さるので、翻訳は一向にはかどらない。また、その翻訳の仕方も、「日本語は主語を嫌うけど、それではダメなんだ」「主語、述語がきちっとしなきゃいけない」とよく言われた。「ドイツ語の文章構造をできるだけそのまま翻訳しなさい」ということで、翻訳の仕方、句読点の打ち方、そういうことまで教えていただいた。だから、メッツガーの刑法教科書の翻訳は名目だけれども、まさにその背後にあるドイツ刑法学そのものの話を聞いたという印象なのですね。

井田　齊藤先生の指導というのは、このメッツガーの本の講読が中心だったのですか。

西原　そう。授業のほかに、下村先生と私の二人を前にして、そういう講読を、週二、三回ぐらいやって下さったのですね。

高橋　大学院でのその他の授業はどのようなものをおやりになったのでしょうか。

西原　大学院の教室での授業はあんまり印象に残ってないのですね。

高橋　そうですか。

井田　先生は、昭和二七年（一九五二年）に法学部の副手になっていらっしゃいます。

西原　そうですね。

井田　これはどういう職務内容だったのですか？

西原　副手というのは、助手の手前の段階での職種で、指導教授の研究教育のお手伝いをするとか、学年末試験や入学試験の監督をするとか。多少奨学金的意味があったらしくて、それぞれの先生がこれぞと思う学生を推薦して、若干だけれども、生まれて初めて給料をもらったのが副手なのですね。

井田　学部全体で一〇人とか一五人とかぐらい採用されていたということでしょうか。

西原　ええ、そうですね。学部学生ではなくて、大学院の学生から採用されたのです。その中には早稲田に残った先生とか、ほかの大学の先生になった人が随分たくさん出ています。

高橋　優秀だったのですね。

3　フライブルク研究所のシェーンケ所長からの二つの委託事業

井田　私ども関心があるのは、齊藤先生ご自身がドイツの研究者との関係をどのように築かれたかということです。先生は、留学された時にシェーンケとかメッツガーなんかに会ったりされたのでしょうか。

西原　これは非常にはっきりしているのです。先生は一九三六年から一九三八年、ちょうど戦前のベルリンオリンピックがあった年、ナチスがワッと興った年なのですけれども、そういう時期に、ベルリン大学に留学されたのですね。ベルリン大学の中に刑事学研究所と訳されている研究所（Kriminalistisches Institut）があって、そこに留学された。

井田　ああ、歴史に名を残す研究所ですね。

西原　この研究所は、有名なフランツ・フォン・リスト（Franz von Liszt）が設立して、リストの亡くなったあと、コールラウシュ（Eduard Kohlrausch）が引き継いだ。リストの仕事は分野ごとにそれぞれ後継者が違うのですけれども、この刑事学研究所はコールラウシュが所長になって、コールラウシュ・インスティテュートと俗称されていた。そこにアドルフ・シェーンケ（Adolf Schönke）という方が助手をしていらっしゃって、齊藤先生と机を並べ、二年間親交を深めたということがあったのですね。そのシェーンケは一九三八年にフライブルク大学教授に招聘され、そこに「外国国際刑法ゼミナール」（Seminar für ausländisches und internationales Strafrecht）というのを開設した。最初は細々としたものだったらしいけれども、シェーンケというのは大変政治力のある方で、終戦直後の一九四七年に、このゼミナールを研究所に昇格させて、「フライブルク大学外国国際刑法研究所」を設立した。建物も大学から独立した別のところに確保して、蔵書や組織をだんだん拡大させていったということがあったのですね。

これが実は私がフライブルクのその研究所に留学する大きな契機になるわけですが、その前に、ちょうど私が大学院に入った昭和二六年（一九五一年）、まさに修士に入ったばっかり、その年に、今申したシェーンケ所長から齊藤先生に依頼があった。それはどういうことかというと、戦後、外国の刑法がどうなっているかが知られていない。そこで、『現代の外国刑法』（Das ausländische Strafrecht der Gegenwart）という双書を出版したい。ついてはその第一巻に日本の刑法の法制とか学説とか判例の概観、これをドイツ語で寄稿してくれと、こういう依頼があったのです。

そして、先生は私をあてになさったのかどうか分かりませんけれども、それを気安く引き受けられちゃって、私ともう一人、刑法ではなくて比較法が専門のドイツ語のよくできる方が大学院の同

シェーンケ先生

期生にいらして、これはのちに防衛庁に勤務されることになった方なのですけれども、髙久保基一さんという、その二人で下訳をつくれと、こういうことになったわけですね。

それで、当時齊藤先生は第二法学部長（夜間の法学部の学部長）をしておられて、学部長室というのが地下室みたいなところにあった。そこに席をつくってそこで仕事をやれということで、一一月の二九日に執筆契約をしたのです。修士の一年生ですよ（笑）。執筆契約して、その翌年の六月一六日にドイツ語一六〇頁の大作をものにしているのです。修士の学生にしかすぎませんから、今から見れば内容は大変お恥ずかしいものだけれども、最終的にはドイツ人に見てもらったりして何とかそれを作り上げた。本当に苦労しました。そもそも刑法の知識がないのですからね。それに、ドイツ語だって、まあまあ試験に受かるぐらいはできるけれども、外国人に読んでいただくようなドイツ語はとてもできない。大変苦労したのは当然です。それで、先生の言葉によると、「秋にこの法学部長室に入った時の『西原』と、春にそこから出てきた『西原』とは、名前は同じだけれども、その意義はまったく異なる」ということを言われた。私としてはいわば非常に激烈な学術的な洗礼を受けたわけですね。これが、齊藤先生のお仕事の手伝いの第一号でした。

ところが、それが終わったとたんにシェーンケから別な依頼がきて、今度は『日本刑法典』のドイツ語訳をやってくれと。わが国の刑法はすでに明治四一年（一九〇八年）に大場茂馬の手によってドイツ語に訳されて、ドイツの『外国刑法典双書ドイツ訳』（Sammlung außerdeutscher

Strafgesetzbücher in deutscher Übersetzung）の第一三号として出版されている。けれどもその後法律も改正になっただろうし、今の条文の翻訳をしてくれという依頼があって、齊藤先生はそれも引き受けられた。私はまたその翻訳の仕事に携わることになったわけです。修士課程の二年生から博士課程の一年生までですね。これは出版した時に私はすでに助手になっていましたので、出版の際には、『改正日本刑法典』（Das abgeänderte Japanische Strafgesetzbuch）という形で先生と連名で出していただいて、同じく『外国刑法典双書ドイツ訳』の第六五号として昭和二九年（一九五四年）に出版された。これが第二番目の仕事、こういうことになるわけですね。

井田　第一番目のその仕事は齊藤先生だけのお名前で、西原先生の著作目録には何も出てこない（笑）。

西原　出てこないですね。

井田　私、その本をドイツで見たことがありますけど、大部なものでびっくりしました。日本の刑法総論の教科書に書かれている内容をそのままドイツ語にしたような詳細なもので、大変な労作だと思いました

西原　いや、内容はとても恥ずかしいもので

外国刑法典双書ドイツ訳

ギュンタースタール通り

した。しかし大変苦労したことは確かですね。刑法典については大場さんの訳があるから、それを基礎にできるので多少楽なところはありましたけれども、大変苦心しましたね。

ところで、ちょうどその『日本刑法典』の翻訳が進んでいる最中の昭和二八年の五月、完成したのは昭和二八年の八月だったのですけれども、五月に依頼主のシェーンケが突如交通事故で、四五歳の若さで亡くなったのです。フライブルクの研究所の南のほうに。

高橋　ギュンタースタール（Günterstal）でしょうか。

西原　そう、ギュンタースタールという村があって、シェーンケはそこに住んでおられた。ちょうど研究所と村との中間あたりで交通事故で亡くなったのですね。

井田　そういえば、マックス・プランク研究所がある通りは「ギュンタースタール通り」ですね。

西原　そうそう。

高橋　シャウインスラント（Schauinsland）へ向かうところですね。

西原　そう、スイスアルプスが一望できるシャウインスラントに行く途中にギュンタースタールがあって、その村に行く途中で交通事故で亡くなったということがあって。そしてこれからしばしば名前が出てくるハンス・ハインリッヒ・イェシェック（Hans-Heinrich Jescheck）教授が跡を継ぐことになった。そういう知らせが入ってきたので、齊藤先生がイェシェックに手紙を出して、「こういういきさつでシェーンケから依頼を受け、仕事がもうほとんど終わりかかっているので、継続をしていただけるのか」と尋ねられた。齊藤先生のドイツへの手紙の下訳、私がいつも書いているのですね。齊藤先生のこの手紙が、イェシェックへの最初の手紙なのです。それ対してすぐにイェシェックから返事がきて、「もちろん継続をするので、仕事を続けていただきたい」という依頼があった。そういうようなことで、この出版の話との関係も含めて、齊藤先生とイェシェックとの間には、文通という方法で関係がいろいろと出来上がってきたと、こういうことがあったわけです。それに私がいつも関わっていた。これが、フライブルクの研究所に私が留学をする大きな背景になった。

4　ドイツ刑法改正資料等の翻訳

井田　たしかに、先生はフライブルク大学に留学されるのですが、まだその前に、大学院における修行時代のお話が続きます。その頃、日本では刑法改正の問題が大きなテーマとなるに至ります。齊藤先生の研究室にも、ドイツの刑法改正関係の資料の翻訳の依頼がきたとお伺いしています。そこいらへんのお話をお伺いできますでしょうか。

西原　先ほど言ったように、日本刑法典の翻訳が終わったのが昭和二八年。これは私が博士課程の一年生の時ですが、それから間もなく、昭和三一年（一九五六年）に日本で戦後の刑法改正事業が始まった。ご存じのように、刑法改正準備会が発足して審議が始まったのがその年ですが、すでにそれに先立つ四年前、一九五二年ですから昭和二七年にドイツで戦後の刑法改正事業が始まった。多少の予備作業のあと一九五四年、昭和二九年に司法省内部に刑法大委員会が設置されて、本格的な審議が始まった。こういうことで、日本でも刑法改正への機運が高まっていった。それが、のちほど説明するようにいろいろな事情から頓挫するのですけれども、最初は刑法改正、全面改正について全力を上げて取り組み始めた。

したがって、ドイツにおける刑法改正のためのいろいろな資料、あるいはそこから出てきた草案、そういうものを翻訳して、日本の刑法改正作業に役立てようと、こういうことが当然考えられた。その仕事が何とことごとくと言っていいぐらい齊藤先生のところへきたのです。

井田　これは大変だ、結局、全部先生のところに来ることになりますね（笑）。

西原　ドイツ語のできる若手がいるといううわさがあったからかと思うのですが、本当は買いかぶりなのです。ただ齊藤先生が引き受けて来られちゃうからやるしかない。そういうことで、当時は東西ドイツに分かれていましたから、西ドイツにおける刑法改正のための資料、これを片っ端から翻訳をしていくことになったのです。最初は一九五六年ですから……。

井田　昭和三一年のことですね。私が生まれた年です（笑）。

西原　昭和三一年ですね。その年にできた刑法総則草案を訳した。続いてその理由書。それから一九五九年には各則草案。一九六〇年草案。一九六二年草案。実は、この六二年草案というのは、ほぼこの大委員会の確定的な草案だったのです。そのことごとくを私共のところで翻訳した。当時よく、「齊藤工場」と言われていましたが、その工場長が齊藤先生、工事主任が私という位置づけです。もちろん、私だけでやったわけではなく、いろんな人が手伝ったのですけれども、いろんな人の訳を全部私が目を通すというようなことがあったり、私自身も相当翻訳に時間をとられたことは確かでした。これは本当に大変でしたね。今から思うと、よくまあ、あれだけの仕事をやったなというぐらいの仕事をいたしました。

考えてみますと、私のドイツ刑法学との関わりは、最初はメッツガーの翻訳を通してドイツ刑法学そのものの勉学から始まったのですけれども、その直後から、どっちかというと輸入より輸出を先に始めたということになるわけですね。ドイツ語による二つの作品がこれです。これが二番目の仕事だったけれども、今度、三番目の仕事は国としての輸入にかかわることになった。日本の刑法改正事業に資するためのドイツの刑法改正事業のいろいろな資料の翻訳という形で輸入に携わった。これが私の三つ目の仕事、こういうことになるだろうと思います。こんな人は戦後の刑法学会にはそういないのではないですか。

井田　もうお聞きしているだけで気が遠くなります（笑）。少しお話を先に進めますと、一九六二年、昭和三七年八月、先生は、アレクサンダー・フォン・フンボルト財団の奨学生として、ドイツに渡られています。

三　フライブルク大学外国国際刑法研究所への留学

1　留学の準備

井田　もちろん、今までお話をうかがっていて、ドイツ留学への流れには必然的なものを感じるわけですが、いま一度、留学に至る経緯、留学のための準備、そして留学地の選択などについてお話しいただけますでしょうか。

西原　そうですね。私は子どもの頃からドイツ文学と関わって、ドイツにいわば憧れていました。研究者の道に入ってからは、いずれドイツに留学することになるだろうと、そんなふうに考えていたことは確かです。ただ前に申し上げたように、大変忙しい時期を過ごしていましたけれども、おそらく次の第二章に出てくるように、博士論文もほぼ出来上がったころ、つまり昭和三六年の秋あたりからドイツに留学することを具体的に計画するようになったのです。ただその準備作業、つまり「留学するだろう。そのために何を準備するか」というのは、相当前から考えていたのですね。したがって、私は相当以前から、おそらく五、六年ぐらい前から小さな特別の手帳を持ってましてね。たとえば、会話に必要なドイツ語が、ドイツ人の口から出てきたとき、そういうのを筆記しておくとか、ドイツのこういうところは見物、見学、訪問したほうがいいよ、見に行ったほうがいいよという地名が出たらそういうのを書いておくとか、そういうのを書きとめる手帳を五、六年前から持っていたということがありました。

井田　そうですか。それはなかなかできることではないと思います。

西原　それから、もうひとつは会話の練習なのですけれども、私は確かに読むほうから始まって、次には偶然書くほうの訓練をしたわけですけれども、しゃべるほうはそれまでなかった。ところが、偶然その機会が訪れたのは、ちょうど博士課程に入った頃だと思いますが、東ドイツからハラルト・エーラー（Harald Oehler）というプロテスタントの牧師さんがいわば半分逃げてくる形で日本に来られて、無教会派のプロテスタントで早稲田大学の経済学者である酒枝義旗先生を頼って来られた。酒枝先生は齊藤先生と同じ時期にベルリンに留学された仲なので、齊藤先生に「私のところでドイツ人牧師の聖書研究会をやるから、誰かよこしてほしい」と言ってこられた。そこで、齊藤先生から「それ、聞きにいったらどうだ」と、こういう話があった。私はクリスチャンではなかったけれども、キリスト教を知った上でそう決めたわけではない。そこで「これはひょっとすると、クリスチャンになるのがいいのかどうかを決定する最後のチャンスかもしれない」というような思いで、また他方、会話の準備、「聞く訓練」という目的も含めてその聖書研究会に出ることにしたのです。その方、一時ドイツへ帰られたのですが、その時期を除いて、前後六年間、その先生の聖書研究会に参加し続けました。もちろん、通訳がついた上ですけれども、まさに正統のドイツ神学に基づく、非常に厳密な聖書の講読だったのですね。実はその方のお兄さんが刑法学者のディートリッヒ・エーラー（Dietrich Oehler）さんでした。

井田　国際刑法のパイオニアで、日本にも来たことがありますね。

西原　ケルン大学の教授を長らく務められました。その兄弟の祖父がニーチェの甥だそうで、何とニーチェの血筋を引いているのです。

井田　そうですか。まったく存じませんでした。

西原　そういう非常に怜悧な頭の方で、その方の聖書研究会に出たというのは、私にとっては思想的にも非常にためになった。

ただ、結局、キリスト教は私にはピシッと合わないというのが明らかになった。けれどもそれをなまじっかでなく、決められるだけの知識を得た上で決めたというのは意義のあることだった。それが同時に、たとえば齊藤先生のイェシェックに対する手紙の翻訳を見ていただくとか、食事に招待されて直接ドイツ語で話を交わすとか、そういうようなことで会話の機会も増え、会話の準備もかなり進んだ、こういうことがありました。

2　留学の時期

そういうことで、まさに時満ちてという感じで昭和三七年、ちょうど私が助教授になった年であり、博士の学位をいただいた年でもあり、それから、博士論文の最終章に収録した論文「間接正犯における実行行為」は刑法雑誌に載せていただいた論文だったのですが（刑法雑誌一二巻一号〈一九六一年〉七三頁以下）、これに対して刑法学会賞をいただいた年でもありました。

井田　刑法学会賞というのが当時はあったのですね。

西原　第一回の刑法学会賞を田宮裕先生と二人でいただいたのも、その年でした。昭和三七年というのは私にとっては大変な飛躍の年だったわけです。その年の八月の末にドイツへ向けて旅立ったのですが、その留学先をどこにするかということについては、今までお話ししたような経緯から当然のようにフライブルクの、今はマックス・プランク研究所（Max-Planck-Institut）の傘下に入っていますけれども、当時はフライブルク大学の外国国際刑法研究所でした。それで、その所長のイェシェック教授から受け入れのお手紙をいただいたし、また、スポンサーであるアレクサンダー・フォン・フンボルト財団（Alexander von Humboldt-Stiftung）への推薦状も、イェシェック先生が書いて下さったということで、そのフンボルト財団からの奨学金の授与が六月に確定したので、八月末に旅立ったと、こういうことです。

井田　留学時期のことですが、先生ご自身が、学位論文を書いてひと区切りの時点ということで、主体的にご自分でお決めになってこの時期にしたのでしょうか。それとも、齊藤先生あたりから「君、そろそろ行きなさいよ」と言われ、「では」ということでフンボルト財団に奨学金を申請して、ということだったのでしょうか。

西原　そうですね。それほど厳密ではないのですけれども、私としては留学のタイミングは非常に大事だと思っていたのですね。したがって、そのための準備、心の準備、学術的な準備、そういったものが、たとえば会話も含めて、そういうものが熟した時期が適当だと考えていた。

私はその後、ここにいらっしゃる高橋先生も含め若い人たちに言っているのですけれども、学位を取らないまでも、少なくとも博士論文を仕上げてから行けということを言ってるのです。それは自分の経験でもあるのですけれども、外国に行くと必ず新たな視点を持ちますから、それまでの研究がごちゃごちゃになっちゃうのですよ。そうすると、今までまとめたものが気に喰わなくなって、ゼロから出発してやり直すことになりかねない。そうすると、それにまた一〇年もかかっちゃって、博士の学位を取り損なうことにもなる。したがって、やはり、できるものは若い段階で未熟でも仕上げてから行くべきだ。そして、第二段階の研究のために留学を活用すべきだと私は若い人たちに言っているのです。それは私は正しいと思うし、自分でも結果としてそうなった。ですから、昭和三七年という、先程申したようなことがあった時期というのは、まさに留学に適切だったのだと、そんなふうに思っています。

高橋　私も先生の教えにしたがって正しかったと思っています。

佐伯　今の先生のお話しは若い研究者やその指導教授にとって必読ですね。

3　当時のマックス・プランク研究所

井田　その当時のフライブルク大学、そしてその研究所の様子などを簡単にご紹介していただけますでしょうか。

西原　そうですね。フライブルク大学の外国国際刑法研究所がマックス・プランク協会の傘下に入って、マックス・プランク外国国際刑法研究所に変わったのは一九六五年だったと思いますが、当時は先ほど言ったように大学の研究所で、建物も今の研究所の近所ではあるけれども、違うところに建っていました。フライブルクの町の中心部の建物の中には一五、一六世紀に建った

当時の外国国際刑法研究所

古いものもありますが、大部分一九世紀の終わりごろから二〇世紀のはじめごろに建ったのが多い。

井田　ドイツ帝国形成後のことですね。

西原　そうですね。やはり一九世紀の後半、ドイツが経済的にぐっと発展した時期と合う頃の建物なのですけれども、以前の研究所はその頃の建物を一軒買って、そこにあった。フライブルクの中心部から今の研究所がある南のほうに行く道路、ギュンタースタール通りの左側に今の研究所はあるのですけれども、そのちょっと手前の右側の古い建物、今でも昔通りに残っていますが、その建物の道路側に塔が建っているのですね。三階建ての丸っこい塔が建っている。その丸い塔の一番上の三階の丸い部屋を私のために準備して下さっていたのですね。かなり特別扱いでした。

井田　個室だったのですか。

西原　ええ、個室なのです。古い民家ですから、大きい講堂みたいなのは全然なくて、しかも私の部屋以外のどの部屋にも本がいっぱい満ち溢れていて、そこに多くのドイツ人の学者や外国からの研究者が所狭しと机を並べていたと、こんなふうな感じだったのですね。

井田　その当時にいらした主だった教授たちや、当時は若手であった後年の有名教授たちには、どういう方がいらっしゃいますか。

西原　そうですね。のちにアウグスブルク大学の教授になったヘルマン（Joachim Herrmann）。

井田　わが国でも著名なヘルマン教授ですね。

西原　ちょうどその頃、助手をしておられた。

井田　そうですか。

西原　それから、二人の代表的な助手がいたのですけれども、これはのちにコンスタンツ大学に行かれたライビンガー（Rudolf Leibinger）。

井田　お名前しか知りません。

西原　それからマッテス（Heinz Mattes）という方。これは比較的若い時に亡くなられた。このライビンガー、マッテスというのが、いわばイェシェックの代表的な門下生だった。さらに研究所の隣の建物が刑事学・行刑学研究所（Institut für Kriminologie und Strafvollzugskunde）で、その所長はヴュルテンベルガー（Thomas Würtenberger）でした。

井田　有名な『ドイツ刑法学の精神的状況』を書いたヴュルテンベルガーですね。

西原　そこで助手をしていたのが、のちにミュンスター大学教授になったシュナイダー（Hans

Joachim Schneider）でした。

井田　後に有名になった犯罪学者のシュナイダー氏ですね。

西原　彼は私と同い年で、ドイツに滞在中もその後も彼とはかなり緊密な交際があった。

井田　韓国や台湾といったアジアの国々からの留学生などはいましたか。

西原　ええ、台湾から二人の博士課程学生であった蔡墩銘、蘇俊雄の両氏が来ていて、大変仲良くしていましたね。二人ともドイツで博士号をとり、帰国後台湾大学教授になって、まさに台湾を代表する有力な刑法学者になりました。

井田　所長のイェシェック教授とは、この留学中に初めてお会いになったわけですね。

西原　ええ、そうです。

井田　はじめてお会いになった頃、どういうことをお話しになったか、覚えてらっしゃいますか。

西原　とにかく文書では文通があったし、また、前に申したような背景がありましたから、「よく来た、よく来た」という感じでした。研究所内での待遇も、前にお話ししたように特別でしたから、歓迎の気持ちはそういうところにも表れていました。しかしイェシェック所長は若い私からすると「親父さん」のような感じでですね。それで、イェシェック個人との関係は、第一回の留学時代はさほどに密接ではなかった。

イェシェック夫妻

井田　そうですか、少し意外です。

西原　というのは、たとえばギリシャとかトルコとか、そういうところから来た研究者というのは行動がものすごく派手で、ビシッとイェシェックに張り付いたりして、しかもその人たちは会話もうまいですから、イェシェックをとりこにしていた。さらにイェシェック自身も例の国際刑法協会の会長を仰せつかるということもあり、非常に多忙な、多面的な活動をされるようになっていましたので、第二回、第三回のドイツ滞在時代に比べると、それほど密接な関係ではなかったのです。しかし、たとえば講演会がしょっちゅうあったし、遠足とかクリスマスパーティとか、そういう行事があったし、また、たびたびイェシェック家にお呼ばれして、奥様の手料理をいただいたというようなこともあって、いかにも家族的な研究所生活

フライブルク大学
『Bezauberndes Freiburg』より転載。
（編者：Ruth Rombach　写真：Hugo Beyer）

を送らせていただきました。

井田　定期的な大きな研究会はなかったのですか。イェシェックをはじめとしてドイツ側の教授や助手たち、あるいはゲストたちも一堂に会するというような。

西原　ええ。そもそもスペースがないのですよ。研究所の建物が新しく建ってからはそれができるようなスペースができましたけれども、当時は研究所の建物の中ではできないのですね。ただイェシェックは他方で、フライブルク大学教授として講座を持っておられ、またゼミも持ってまして、私は一年目に刑法総論、二年目は刑法各論の授業をずっと聞きました。それから、ゼミがあったのですね。ゼミでは外国の先生に来ていただいたり、非常に多彩なゼミでした。そういう接触も多かったですね。

井田　なるほど。

佐伯　イェシェックさんの授業というのは、どういう感じでしたか。

西原　イェシェックの授業は非常に人気があって、朝八時からやる。

佐伯　早いですね（笑）。

西原　日本でも八時って早いけれども、ドイツでは、とてつもない。私は最初の半年間、町の西南方向にあたる郊外の村ザンクト・ゲオルゲン（St. Georgen）に住んでいて、バスで通っていたのですよ。一時間はかからないけれども、朝、家を出る時は満天の星なんです。それで、講義が終わる頃にやっと陽が射す（笑）。

高橋　時期は冬ですね。

西原　それで、イェシェックの講義はほとんど分かったのですね、最初から。

高橋　最初からですか。

西原　ところがゼミになると、最初は分かるのですよ。導入部あたりは分かるけれど、だんだん議論が熱してくると、そこに方言が出てきたり、みんな生々しい早口のドイツ語になっちゃうので、ついていけなくなるのですね。だから、ゼミの理解はすごく大変だった。

それからある年、ユダヤ人の有名な教授が招聘教員として来られて、そのゼミを指導されたことがありました。驚いたのだけれども、ある女子学生が報告をしたのです。私が聞くと、「うん、なかなかいい報告だなあ」と思って聞いていたのに、その教授がその報告をコテンパンに批判するのですよ。ドイツ人の女性には気が強いのがいっぱいいますので、その学生もなんのかんの言って抵抗したけれども、どう抵抗してもコテンパンに、もう包囲殲滅というところまで批判されて、とうとう最後にその気の強い女の子は泣き出したというようなことがあった。

高橋　どういうテーマだったのでしょうか。

西原　それは忘れましたが、とにかく限界まで徹底的に考え抜くという気質を感じました。まあ、いろいろありましたが、冬なんかゼミやっている間に雪が降り出したことがあった。ゼミは夜八時から始まるのですよ。八時から始まって一〇時まで。だけども、議論が果てなくて一〇時に終わらないことがあるのですよ。ドイツではカフェは夜中過ぎまでやってるでしょ。だから場所を移して、そのカフェで議論が続いたとか、そういうことがあってね。こんなこと、東京ではなかなか考えられないでしょ。

井田　考えられないですね。終電がなくなり帰宅できなくなりますね。

西原　ところが、みんな街の中に住んでいるから、何時になったっていいわけですね。このように、街がキャンパスっていうのは、これは日本にはないですよ。

井田　とてもうらやましく感じます。

西原　そういうアカデミックな感じの環境をひしひしと感じたのもドイツだったのですね。今でも雪の降る中を場所を移して、カフェに行って、そこで議論を続けたゼミを懐かしく思い出すのです。その小さなフライブルクでも、結構南北が長いですから、最初の半年を過ぎた後は、私は車で通ったのです。

井田　半年でもう車に乗り始めたのですか。

西原　ええ。一五分ぐらいですからね。

フライブルクの遠望

井田　自動車は購入されたのですか。

西原　中古のフォルクスワーゲンを買って、それで通ったのです。当時は私、生まれて初めて外国に行ったので、家族は半年経ってから、ドイツに慣れてから呼んだのです。スポンサーのフンボルト財団では家族を呼ぶと手当がちゃんと出るのです。ですから、最初から呼ぶことも考えたけれども、子どもが四歳なので、やっぱり最初から呼ぶ自信がなくて、半年経って初めて呼んだのです。その後、車を買って、朝八時に家を出ると、八時一五分に着いちゃうのですよね。八時一五分から本を読み始めると、一二時までたっぷり時間がある。

井田　午前中が長く使えますね。

西原　それで一二時に車で家へ帰って、一五分ね。それで、家でお昼ご飯を食べて、三〇分から一時間昼寝して、また研究所に行ったたって遅くとも二時には着いちゃう。そこから五時までたっぷり時間がある。そうすると、夜はそれだけ仕事したのだから、自由に何でもできるという気持ちになるわけね。それで、音楽会とかそういう催しは全部八時から始まるのですから、晩ご飯食べて、それで「行こう」と出かけるのですよ。もう本当に東京では考えられないような、天国のような生活でした。

高橋　時間の経過がドイツではゆったりしてますよね。

井田　確かにそうですね。

西原　時間が一・五倍ぐらい（笑）。

4　当時のドイツ刑法学会

井田　当時のドイツの学界の状況はどうだったのでしょうか。非常に議論されたテーマというと、理論的には目的的行為論、政策的には刑法改正問題でしょうか。

西原　そうですね。やはり、目的的行為論がひとつの灼熱的な議論の対象だった。創唱者のヴェルツェル（Hans Welzel）とかその弟子のアルミン・カウフマン（Armin Kaufmann）などが学会に出ているのですから。それで、私もこの学説登場の背景にある、たとえば哲学の変遷と刑法学の変遷との関係というようなことを以前から勉強していたので、そういう議論はよくわかったし、非常に参考になりましたね。いずれ第二章で出てくることだけれども、やっぱり目的的行為論というのは戦前から戦後にかけての思想の変遷のある側面を適確に表す学説だったのですね。ナチスというのは法律を無視して、法律なしにああいう非行を行ったのではないのですよ。極端にいうと、非行を正しいとする法律をつくって非行を行ったのですよね。ご承知のように一九三三年に政権をとるやいなや、授権法と略称されている法律を制定して、国会の制定する法律によらずに政府が法律と同様の規範を作れるという権限を認める法律をまずつくって、それでもってある意味の法律を濫発して、いろんなことをやった。アウシュビッツの中にも裁判所がちゃんとあるのですから。これはやっぱりドイツ的だと思うのですよ。合法性の覆面を被った非行だった。

それが戦後明らかになってくると、「法律ってなんだ」、「実定法っていうのは頼りにならん」ということになるわけです。実定法は頼りにならんということになると、そこに出てくるのが自然法なのですね。制定法を超える正義の理論の体系がなきゃいけない。そうなると、当然、自然法の思想に光が当てられることになってくる。自然法理論は、ドイツではかつては「神の法」として登場したのですけれども、近代化の中でだんだん「理性の法」として洗練を重ねていった。その自然法思想の復活ということがひとつの大きなテーマになっていた。

もうひとつは、人の生き方というのは頭から「こうあるべきだ」、ナチスのように、「ドイツ人はこうあるべきだ」っていうふうに頭から人の生活の仕方を決める、それは正しくないのだという考え方が出てきた。むしろ、個人個人が自分自身の生き方を決めるべきだという考え方に変わってくるわけでしょう。そうすると、哲学も変わるわけですね。戦後の実存主義哲学の登場には、そのような歴史的背景があるのです。これは次の第二章で出てくると思うのですが、戦前は新カント学派が非常に栄えて、私も旧制高校時代以来、その新カント学派には相当影響を受けて、これこそが人間の哲学だっていうふうに思っていた。ところが、その新カント学派は認識論の根幹で「型」というもの、カテゴリーというものを重んじるところに特色があり、そのカテゴリーに合うか、合わないかということをすべての考えの出発点にする。それが刑法理論としては構成要件論になる。構成要件という型に当てはまるかどうかが犯罪認定の出発点だと、こういう考え方になる。したがって、構成要件論というのは元来が実定法優位の思想と共通性を持っている。それが批判されてくるわけですね。これ以上は第二章で話すことにしましょう。いずれにしても、そういうような話も、ゼミや講義の議論の中にちらちら出てきますので、「そうではないかな」というふうに日本で考えていたことを直にドイツで聞くことができたというのは大変面白かったというのが私の印象ですね。

井田　先生の留学された頃には、もう論争の帰趨は定まって、議論の方向性は大体見え始めたという時期だったのでしょうか。

西原　まだ確定はしていないですね、一九六二年ですから。

佐伯　それからロクシン（Claus Roxin）へという感じですか。

西原　ロクシンは当時はまだ若くて、そんなに有力ではない。

高橋　当時、有力な学者っていうのはそのヴェルツェルのほかに、誰だったのでしょうか。

西原　大御所の学者としては、エンギッシュ（Karl Engisch）、ランゲ（Richard Lange）、ガラス（Wilhelm Gallas）、ボッケルマン（Paul Bockelmann）など。日本でも有名な方々が学会に顔を見せていました。中堅では、アルトゥール・カウフマン（Arthur Kaufmann）の学問的系譜が、ひとつの流れとしてあったのですね。やがてそれがロクシンのほうへ流れていくわけです。私の留学時代に、アルタナティブ・グループっていうのができた。それが、一九六四年のハンブルクの刑法学会で劇的な登場を見せるのですが、その結成の謀議はその前の年にザールブリュッケンで行われた。ザールブリュッケンにおける刑法学会の学会行事が終わったあとに若手教授たちが集まって、それで一九六二年草案を批判するところのアルタナティブ・グループが出来上がった。で、その次のハンブルク学会では、一九六二年草案を作った刑法大委員会のメンバーと若手との間の大激突が起こった。その二つの学会に私が両方出席する機会を得たのです。

井田　ドイツにいらっしゃったのは一九六二年ですね、まさに。

西原　ザールブリュッケン学会は一九六三年。

井田　その次の年がハンブルク学会の年ですね。

西原　ハンブルクが次の年だった。ザールブリュッケンの時は、私は「何かな」ってよく分からなかったのです。あとから見れば、「アルタナティブ・グループの設立の会議だったな」っていうのが分かった。次のハンブルク学会になると、刑法大委員会のお偉方が現にいるわけですよ。先ほどあげた大御所や、ヴェルツェル、イェシェックだってそうですね。

井田　バウマン（Jürgen Baumann）とかロクシンとかの若手の台頭ですね。

西原　そういう若手が居並ぶお歴々に対してガーッと批判するわけですから、これはすごいことです。今でもそのロクシンが立ち上がって、「カント、ヘーゲル的な考え方ではダメなんだ」っていうような批判を滔々と述べていた姿が目の奥に残ってますね。その二つの学会。

井田　宮澤浩一先生からよく聞かされました。そのハンブルクの学会で、それまで侵すべからざる権威をもっていた当時の大御所たちをロクシンあたりが批判したら、大先生たちはみんなヘナヘナとなって、全然反論できない。若手らがそれを見て、「なんだ、批判しても大丈夫ではないか」ということで俄然勢いづいたとか……。

西原　ヘナヘナというのはちょっと当たらない。静かに、言いたいだけ言わせようという感じでした。いずれにせよすごかったです、あれは。ロクシンなど、ザールブリュッケンの刑法学会がはじめて参加した学会だったと私に話していますから、参加二度目の若手があんな発言をするなど、日本の刑法学会ではとても考えられない。「いや、すごいもんなんだな」と私は思ったのですね、あれは。

井田　当時の権威者たちに向けて正面から「あなた方は、間違っている」っていう批判だった。

西原　そう。前にお話ししたように、私はとにかく総則草案から一九六二年草案までのドイツ刑法改正大委員会の諸草案と研究資料を翻訳して内容を知ってるわけでしょ。実は私はかなり肯定的にこれをとらえていたのですよね。現に、たとえば小野清一郎先生のリードされた法制審議会刑事法特別部会でも……。

井田　先生は特別部会の幹事になっていますね。

西原　ドイツから帰国してからその幹事に任命されているのです。その特別部会でも、ドイツの六二年草案は、はじめはどっちかって言うと肯定的にとらえられたのですね。たとえば平野龍一先生、平場安治先生あたりも、はじめごろはそうだったのではないかと思われる。やっぱりアルタナティブ・グループの活動、その批判なんかにかなり刺激とか影響を受けられて、批判を展開するようになったのではないか。もちろんそれだけではなくて、ほかにもいろいろ理由はあったと思うのですけれども、そういう側面があったことは否定できないと私は思っています。

私はドイツから帰ってから刑事法特別部会の幹事になりました。吉川経夫さんや松尾浩也さん、宮澤浩一さんなんかと一緒にね。幹事になって、はじめは熱心に協力していたのですが、だんだん改正の基本的方向についていけないものを感ずるようになり、その後だんだんと、この基本的方向に対する批判的な意見を述べるようになってきた。それにはおそらく、平野・平場両先生の主催される刑法研究会の影響が私にとっては大きかったと思っています。その発端がザールブリュッケン、ハンブルク両刑法学会にあったと思うと、そこへ直接参加してそれを目の当たりにしたというのは大きかったなと言わざるをえません。

佐伯　イェシェックは六二年草案なんかの作成メンバーでもあったわけですから、「若い者があんなこと言ってるけど、違うんだぞ」という、そういうお話なんかもあったのではないかと思うのですが、いかがですか。

西原　イェシェックは「けしからん（ärgerlich）」って言った。

佐伯　やはり言ってたんですか。

西原　そう、言っていたんだ。「けしからん。あんなこと言ったってそう簡単なもんではない」とかね。やっぱり、イェシェックは比較法的な基礎の上に理論を築き上げたという自信を持っていたように思いますね。ですから、私としても、当時としては……。

井田　揺れ動いた？

西原　いや、揺れ動くというよりも、どちらかというと、大委員会の考え方には相当骨太いものがあったなと。これに対して、これを批判するほうには、思想的にやや未熟なある弱さがあるな、というふうに感じていましたね。

井田　そうですか。そこいらあたりは、学説史上の研究テーマとして掘り下げたいところです。

5　ドイツにおける「信頼の原則」

井田　今お話し下さった目的的行為論と、それから刑法改正問題以外で、何かテーマとして当時目立っていたものはありますか。

西原　私の留学は表向きはこの刑法改正が研究のテーマだったのです。しかも、刑法改正も表の議論だけではなくて、現場におけるいろいろな議論とか意見と気持ちとか、そういうものとの関係で考えようという目的で行ったのです。ただ、留学中に別な要因が入ってきたのは、これは第二章に出てくる「信頼の原則」との関係になりますが、ドイツにおける交通事情が「信頼の原則」を生んだ。それが日本でどうなるのかっていうようなことを考えながら、ドイツを車で走り回る。また、そういう文献を見る。そういうのに興味が移っていったということがあるわけですね。

井田　なるほど。

西原　事実、中古のフォルクスワーゲンを買って、当時は東ドイツはベルリンとポツダムしか行けなかったのですけれども、西ドイツは相当走り回って、ドイツの交通事情を肌身で感じとった。ドイツの順法精神の高さとか、道路設備の明確さなどがはっきりしたのです。これに反して日本の場合には、どっちの車が優先だかはっきりしないのです。とにかく、ドイツではどっちに優先権があるかというのが非常にハッキリしているのですね。返す刀で、どっちが非優先かもハッキリしている。日本の場合は、優先という観念はハッキリしていても、非優先はその裏側というだけで、標識をもって示すことはしないのです。だから、ドイツでは交差点の場合には信号か標識のどちらかに従う。標識がなければ「右方優先」の原則に従えということで、非常に徹底している。だから、非優先の原則に反して事故を起こしたら、たちどころに責任を問われるという実態になっている。ところが、日本では優先標識はあるけれども、非優先標識はない。ドイツは両方あるのですよ。一方に優先標識が立っている時には他方は非優先の標識が立っていて、優先・非優先関係が非常にハッキリしている。

優先、非優先がハッキリしているということと、それから、ドイツ人はそういう法律とか規則をものすごく守るということですね。たとえば、こういうことがあったのですよ。川添いに道路があって、センターラインが引かれているとすると、カーブが緩やかであれば追い越し可能ですね。そういう場所では、曲がりくねっていても追い越し可能なセンターラインが引かれている。曲がりくねっている場合は、私は真っ直ぐ走っちゃうんです。つまり、曲がりくねっても対向車がいない場合、真っ直ぐ走っちゃう。対向車がいなければ、行ってもいいわけですね。ドイツ人はそういう場合でもセンターラインにしたがって走る。これに反して、イタリアに行くと、センターラインっていうのはよほど大きな道でなければないのですよ。イタリア人っていうのはセンターラインが嫌いなのです（笑）。

高橋　国民性の違いですね。

西原　道っていうのは真ん中を走るものだと。だけど危ないから、相互にぶつかりそうになったらキュッと避ける。ものすごい器用。だから事故は起こさないけども、センターラインはない。それで、日本人である私がそういうところを走るとくたびれ果てるのです。ドイツへ帰ってくるとほっとするということがある。ところが、イタリアとかフランスへ留学した日本人がドイツへ来ると、「くたびれる、くたびれる」なんて言う。帰国してから手紙よこして、「ドイツの国境越えてフランスへ入ったらほっとしました」。違うのですね。

ドイツでそれだけ順法精神が徹底しているということは、「信頼の原則」を採用する余地が広いということになる。これに比べると、日本はまだまだとてもそういうところまで行ってないから、一九五九年の学会報告で「信頼の原則というがドイツにあるけれども、日本にはまだこれを採用するのは尚早である」という意見を述べたのは正しかったと、そういうことを確認して留学を終えた。ところが、帰ってみたら……。

高橋　日本は変わっていた（笑）。

西原　とにかく、帰ってきたらまるっきり違っていた。それは帰った年の秋に東京オリンピックが開催されるからです。外国からたくさんのお客さんが来るオリンピックを控えて、私がドイツに行ってる間に首都高速もできたし、信号機や道路標識や横断歩道などの設備の整備もものすごく進んだし、法改正も私がドイツに行く前にやったので、それが定着してくるということもあった。その二年の間にものすごく変化したのを帰って感じて、これは全面的ではないけれども、部分的に「信頼の原則」をとる余地が出てきたことを意味すると考えた。この点はあとで第二章でお話ししますが、信頼の原則の採用の可否判断の条件として、道路交通事情の日独比較を考えながらドイツを走ったというのが、その後の私の研究、ひいては例の「信頼の原則」について一時代を送るひとつの背景になったことは疑いないですね。

6　マックス・プランク研究所とのその後の関係

佐伯　その後も、先生はマックス・プランク研究所と深い交流を続けていかれますね。

西原　その後、マックス・プランク研究所との関係が帰国後も大変深くなりました。特に、当時のアジア担当の研究者であった韓国人のツォン・ウク・チョンさん（Zong Uk Tjong）という方がものすごく客観的な方で、反日ではないのですよ。日本人の素晴らしいところはきちんと認める。たとえば研究所で購入する本についても、「やっぱりいいものはいい」ということで、日本の文献も入れるべきものはピシっと入れると。非常に公平な方で、大変立派な方で、私は本当にチョンさんに心酔したということがあった。チョンさんも私を大変評価して下さったようで、その後、マックス・プランク研究所では、いろいろな比較法研究をその人脈を使って実施したのに私もかなり参加したということがありました。

最初はたとえば「刑法的国家保護規定」という共同研究に参加した。これは外国から驚かれたな。「日本はその方面の国家規定、まるっきりないではないか」って。そういう評価が生まれる基礎になったわけですが、現にないのですよね。

次に担当したのが「罰金刑」についての共同研究。これは大変分厚い本を出す比較法研究でしたね。世界ではじめての共同研究の成果でした。

井田　われわれも大変な刺激を受けました。

新しいマックス・プランク研究所

西原　さらには、それぞれの国の刑法に関する法源および文献目録みたいなものをつくるのにも協力をしたということもありました。特筆しなければならないのは、所長がイェシェックからエーザー（Albin Eser）に代わってから始まったプロジェクトが、「違法阻却と責任阻却」という共通のテーマで外国とドイツとの比較研究をやるというのがあった。たとえばドイツとラテン系諸国、ドイツとアメリカ、ドイツとポーランド、そういうふうな研究成果がだんだん積み重ねられたあとで、エーザー所長から、ドイツと

ドイツ・東アジア刑法コロキウム
1993年、東京

アジアで同じテーマでやりたいという要望が舞いこんで来た。そこで、「アジアではちょっと広すぎる。せめて東アジアに限定してほしい」と言ったら、「それでいいよ」ということになったのです。

それで、たまたま韓国とは国交を回復した直後だったし、フライブルクの研究所に留学した親しい仲間に組織をお願いすることができた。中国とも、すでに私の主催する日中刑事法学術討論会で回を重ねて人脈ができ始めていたので、人集めは容易だった。台湾については、先ほどお話したように、二人の大変優れたリーダーが台湾大学の教授であられたので、その二人に参加をお願いした。その結果、ドイツ、日本、中国、韓国、台湾の共同研究が実現した。これは少なくとも戦後初めてですね。おそらく刑法の分野では歴史上初めてだったと思うのですけれども、そのほかの分野でもあまり聞いたことがない。そういうシンポジウムを、今から二二年前、一九九三年に早稲田大学で開催したということがあったのですね。

大変難しかったのは中国です。韓国、台湾は日本と同じようにドイツ刑法学の影響を受けていますから、違法と責任を分けるでしょ。ところが中国の場合には違法と責任という分け方ではなくて、主観的要素、客観的要素に分けるだけですから、そこのところがハッキリしないわけですよ。ですから、議論に参加するのが非常に難しかった。またドイツ語のできる方があまりいらっしゃらなかったので、とても困りました。たまたま、マックス・プランク研究所に留学をして、フライブルク大学から博士の学位をもらった中国人研究者の李海東さん（現在弁護士）が、イェシェックの紹介で早稲田大学に留学に来ておられたということで、その人を中心として人選も通訳もしてもらって、やっとこさっとこ、シンポジウムに中国を参加させたという面がありました。しかし、考えてみれば中国、韓国、台湾、日本がひとつの机を囲んで議論をするというのは、これはもう当時としては珍しいこと、初めてのことですので、開催しただけでも大変な成果があったと言えるし、内容的にも関係国の刑法学にとって意味があったと思うのですけれども、それがマックス・プランク研究所との関係から生まれた成果の一つでした。

そういうふうに、マックス・プランク研究所との関係には、いろいろな共同研究に参加するという形がある。これは言ってみると、どっちかというと輸出に当たる仕事で、それをかなりやってきた。しかし、マックス・プランク研究所の関係で強調しておきたいことは、そこで友だちができるということなのです。

そこへ何回も行ってますから、いろんな友だちができる。そうすると、ドイツ語でもって議論ができる人がふえることを意味するのですよね。そこでたとえば日韓の刑事法シンポジウムをやろうとすると、お金さえあればすぐできるわけですね。現にそれをやった、ソウルでそれを開催したということがありました。また、ポーランドとの共同研究、要するにシンポジウムをやることができた。

面白いのは、ポーランドという国は日本とはまるっきり関係がないのですね。政治、経済。せいぜい音楽では関係が深いけれども、まるっきり関係がない。ところが、ドイツとの関わりというと共通なものが出てくるのです。もちろん、ポーランドの場合には反ドイツという側面もあります。つまり、ドイツに分割されたという歴史があって、恨みも残っているに違いない。けれども、今は比較的ドイツに近い。したがって、ドイツを基準に見て日本とはまったく性格の異なるポーランド、とくに、ポーランドはカトリックの影響が強いですから、日本とはまるっきり違うわけですが、そういう歴史的にも宗教的にも文化的にも経済的にも違うにもかかわらず、どういう部分が共通で、どういう部分が違うかということを明らかにするためにドイツを間に立ててシンポジウムをやると面白いのではないかという発想で、「ドイツ、日本、ポーランド、刑事法学コロキウム」というのを、私と同じフンボルト財団の奨学生であったポーランドの刑法学者シュヴァルツ教授（Andrzej J. Szwarc）と意気投合して始めたのが一九九七年のことだったのです。私が言い出しっぺですけれども、途中で忙しくなって放り出して、まわりの人には大変ご迷惑をかけて

第２回ドイツ・ポーランド・日本刑法コロキウム

いるようですが、それでも今日まで、当初とはかなり違った形になりましたが続いています。

井田　はい、初回がポーランド（ポズナン）、第二回目が日本（大阪）、第三回目が再びポーランド（ポズナンとグダニスク）で開かれました。その後、少しブランクがあったのですが、ポーランド側のシュヴァルツ教授と、ドイツ（フランクフルト・アン・デア・オーダー大学）のヨルデン（Jan C. Joerden）教授とが協力し、日本側では山中敬一教授がリーダーシップを発揮されて、二〇一〇年と二〇一三年に、二回にわたり、ドイツとポーランド国境にあるフランクフルト・アン・デア・オーダーで開催されました。最近ではトルコの研究者たちも参加し、「ドイツ、日本、ポーランド、トルコ刑事法学コロキウム」へと発展しています。

西原　なるほど。いずれにせよ、そういうものが始まったのは、やっぱりマックス・プランク研究所でつくられた人脈の活用っていうことがあるし、また、比較法の方法、シンポジウム、会議の仕方、そういうことについて、研究所での経験の蓄積が基礎になっていると思われます。そういうことで、今日までマックス・プランク研究所との関係っていうのが、私の刑法研究者としてのあり方のかなり大きな柱を占めていることは疑いないと、こう思いますね。

井田　背景がとてもよくわかりました。

西原　この辺で今日のところは。

全員　ありがとうございました。

第二章　関心を持つテーマの変遷

一　戦後ドイツ刑法学への関心

1　メッツガーからヴェルツェルへ

高橋　それでは、今日は第二回目ということで西原先生と刑法の研究のプロセスといいますか、これまでに至る過程をお話しいただきたいと思います。いくつかのターニングポイントがあるわけですが、まずは、「戦後ドイツ刑法学への関心」というところからお話しいただけますでしょうか。

西原　前にお話ししたように、私の研究者としての生活は齊藤先生からメッツガーの教科書の翻訳のご指導をいただくというところから始まったのです。ところが、読み進めている間にメッツガーの新しい論文が出版されたのに気づいたのです。それが、これ、「ドグマーティク」って何て訳するの？

井田　一部には「教義学」と訳すことに固執する人もいますが、一般には（法）解釈学と訳されています。ただ、Strafrechtsdogmatik であれば、刑法解釈学より理論刑法学の方がベターであるかもしれません。

高橋　今は理論刑法学という訳語をあてる人が多いように思います。

西原　理論刑法学だね。では『理論刑法学の新しい道（Moderne Wege der Strafrechtsdogmatik, 1950）』というメッツガーの著書です。実はドイツの学術書を自分で買った第一号がそれなのです。なぜ買ったかというと、この本には第一章に出てきた『刑法教科書』への『補足的考察』という副題が付いているのです。そうであるからには、その教科書そのものの翻訳をやるについては、そこを勉強しなければなるまいというので買ったわけですね。それで読み進めてみると、戦後「目的的行為論（finale Handlungslehre）」という新しい理論が台頭しており、それと対決するためにこの本を書いたということが分かった。この本の中で、メッツガーは、目的的行為論を批判したり、またそれを部分的に取り入れたりしているのですね。そこで、これはどうしても目的的行為論、創唱者ヴェルツェル（Hans Welzel）の教科書を読まなければならないということになった。

佐伯　それは大学院の一年生の時ですか。

西原　大学院修士課程の一年生のときです。『ドイツ刑法綱要（Das deutsche Strafrecht in seinen Grundzügen）第二版』を買って、目的的行為論というのはどういうのかっていうのを理解しようとした、と同時に、なぜ戦後目的的行為論というのが出てきたかについて、このヴェルツェル・メッツガー論争からこれを探ろうとした。そうすると、やはり戦前戦後にわたるドイツ法学界の一大議論がそこに背景としてあるということが分かったのです。そこで、論争の発端になったとみられるヴェルツェルの一九三五年に出版された『刑法における自然主義と価値哲学（Naturalismus und Wertphilosophie im Strafrecht)』という本を買って、それをも併せ読むようにしました。その結果分かったことは、メッツガーの中心的な理論の柱である、たとえば構成要件論というのが、一九世紀末に非常に発達した、自然科学とともに発達した実証主義的な考え方に対する批判として、価値哲学が「新カント学派」の哲学という形で起こり、刑法学上構成要件論に反映したものであるというようなことです。

私はその本を大変興味深く読んだのだけれども、刑法学の背景にあるドイツにおける哲学史、これが実は社会の変化と非常に密接に関係しているということを大変強く感ずるようになったのです。それはどういうことかというと、一七八九年のフランス革命以降、一九世紀の前半にヨーロッパ諸国が市民革命を成し遂げて、それまでのいわば農業中心の政治機構であった絶対主義を否定して市民社会を実現した。それを指導したのが一八世紀後半の啓蒙主義であることは疑いない。そこで資本主義の発達に結果として資する権利とか、自由とか、民主主義とか、そういうものがそこから生まれてきています。啓蒙主義のそういう側面を明らかにしたのはたとえばルソーとかヴォルテールなどフランス系の学者でしたが、そもそも権利とか自由とかが表舞台に出て来たのは、そのもう一段奥底で「理性」の存在が強調されたからにほかならない。なぜ理性が強調されたかというと、それを持ち出さなければ、農業中心の政治機構の根幹にある「世襲制」が否定できないからです。そこで本領を発揮したのがドイツ系の哲学者で、たとえばカントを頂点と

著　者

するいわゆる観念論哲学の山脈がその裏付けになったという経緯が非常にはっきりしたのです。

ところが、その市民革命後のヨーロッパはその前世紀に行われたイギリスの産業革命に影響を受けて、またそれに倣って産業革命を急速に進めた結果、資本主義が大変栄えると同時に自然科学がものすごく発達した。自然科学が発達すると、元来認識の主体である人間までもがだんだんと認識の客体になり、学問的分析の対象になってしまった。これが一九世紀の終わりごろの自然科学万能の時代の思想だった。

それで、大変面白いことに一九世紀から二〇世紀に転換するちょうどそのころから新カント学派が起こってくるのです。新カント学派は人間の復興を遂げた哲学だというふうにいわれている。それはなぜかというと、カントは「主観なくして客観なく、客観なくして主観なし」と言ったけれども、新カント学派は「主観なくして客観なし」だけなのですね。つまり、実際に目の前にあるのは秩序もなく形もないドロドロとした混沌である。それが、人間がたとえば範疇という眼鏡を掛けてみることによって物事が整序されるという考え方なのですね。したがって、確かに人間が再び主人公になったということになる。

その新カント学派は自然科学万能の思想に対する反発として大変強く受け入れられるようになり、そこから構成要件論が当然出てくるわけですね。つまり、これはM・E・マイヤー（Max Ernst Mayer）の理論に典型的に表れているのですけれども、目の前にあるのは何ら整序されない「ただの出来事」であると。その出来事を構成要件という眼鏡を掛けて見ることによってはじめて、これは殺人罪だ、窃盗罪だということが分かると。こういう考え方、構成要件論が、自然科学万能思想を否定した新カント学派の哲学から出てきたということがよく分かったのですね。

さて、その新カント学派の理論が戦後急速に批判されるようになったのはどうしてかというと、ナチスの政策に根拠があるのです。ナチスはいかにもドイツ人らしくて、第一章でも述べたように、法律なくて、あのような違法行為を行ったのではなしに、あのような違法行為、非行を合法化する規則・制度を作って、それに基づいてあのようなことを行ったという側面がある。これはやや極端化した見方ですけれども、そういう側面があることは明らかです。したがって、戦後に至ってナチスへの反省の中から当然「悪法は法にあらず」という考え方をはっきりさせなければいけない。そのためには実定法万能では駄目で

佐伯　仁志　氏

高橋則夫氏

あって、実定法そのものを批判する自然法のような考え方が強くならなければいけないのだと、こういう考え方が強くなってきて、そういう流れの表れの一つが目的的行為論だということに私としては大変強く心を動かされたのです。現にヴェルツェルは価値哲学からの訣別を明言し、自分の考え方は存在論に根差しているということを宣言するのです。

そういうところから、構成要件論の形式主義が日本では尊重され続けているけれども、私としてはそこに問題がないのかという、そういう問題意識を持つようになったのですね。それがやがて実行の着手時期の問題を含む実質的違法の考え方につながっていった。そういうのはすべて、この本を読んでからだと、こういうことになるのです。

2　目的的行為論と構成要件論

高橋　先生は目的的行為論にご関心を持たれたということですが、先生の刑法理論はそれに対して一歩距離を置いたものになっていったのはどうしてでしょうか。

西原　そうですね。やはり目的的行為論が「過失犯は行為ではない」といったのは間違いだというふうに思うのですね。つまり、人間が何らかの目的を持って行動すると考えること自体は肯定できるけれども、では過失犯は目的がないから行為ではないということについては疑問を感ぜざるをえない。やっぱり過失犯の場合にも何らかの目的的行為があったのだと捉え、故意行為と並ぶ違法行為として捉えなければおかしいのではないかと、こういうように考えたので、結論として、目的的行為論そのものは採ることができなかった。そこで、問題は構成要件論の形式主義をどう克服するかということになる。その点についてはメッツガーの違法類型論には大変強い影響を受けているのです。たとえば構成要件の中には規範的要素・主観的要素は当然不可欠に入っていなくてはいけないと、こういうように考えるに至ったわけです。それに対しては当然、いわゆる構成要件論者からの大変強い抵抗があった。とくに中山研一さんは「規範的要素・主観的要素はすべて排除すべきである」と。つまり、裁判官の判断が必要になるようなものは構成要件から排除しなければいけないというのです。そういう考え方が対極として出てきたけれども、私はどうしてもそれには納得できないのですね。実は中山さんといずれそのテーマも含めて刑法体系全体について論争をやろうという約束をして

井田　良氏

いたのです。たとえば中山さんのマルクス主義刑法学についても私としては批判があるので、その点も含めて大論争をやろうと。その中の大きな課題は構成要件に規範的要素・主観的要素が含まれるのか、含まれないのかということだと、こんなふうに話したことがあるのですが、その約束が、私が大学の行政に時間を取られて、だんだんと関心が刑法からほかのことへ移ってきたことによって実現しなかった。私としても大変残念であったし、後に続く若い方としても、対極にある私と中山さんの詳細な体系的な論争が出ることによって非常に参考になったのではないかなと、こんなふうに今、思うので、その点は大変申し訳ないと思っているのです。いずれにせよ、そういうようにして私としては構成要件には元来価値的性格があるのだと、そういう論文を書くに至った、こういうことですね。

高橋　今はあまり議論されていませんが、当時、行為論対構成要件論という論争の中で、先生は行為論に立脚され、その中で目的的行為論に親近感をもたれた。しかし、結局は社会的行為論を支持されたわけですが、かなり早い段階から先生は社会的行為論を支持されたのでしょうか。

西原　いいえ、そんなに早い時期からではないのです。目的的行為論と対決している間には、違法判断の対象として目的的行為に限るのはどうも狭すぎる。といっていわゆる裸の行為では広すぎる。その中間に何らかの枠を設定しなければならないと思うようになった。その意味では、のちに社会的行為論と名づけた考え方がだんだん出てきたといってよい。ただ社会的行為論と名づけて体系書の中に出てくるのはかなり後のほうになってからなのですね。つまり犯罪であるか否かの判断の対象、一番外側は何だということになると、自然現象そのもの、あるいは動物の行動、これは排除されますね。これは最初から刑罰の対象の中に入らない。それで、それとの関係で、では人間の行為がどこまで入るのかということが問題になってくる。私は構成要件論者ではないけれども、構成要件という枠自体は違法要素として認めるのです。構成要件は違法類型ですから、すべての構成要件に共通するようなものは構成要件の外に出さなくてはならない。それは犯罪論体系の中で違法性という要素の前に出てくるべきだ。その問題から、犯罪論体系の第一要素である行為概念の内容にかかわってくる、こう考えたわけです。そう考えてみると、今言ったように自然現象や動物の行動などが含まれないということになると、それに準ずる人間の行動も同等の扱いにすべきではないか。そうすると、意思決定の可能性のない行動がそれに当たるのではないか。だから、純粋な反射運動、あるいは睡眠中の行動は刑罰の対象の中に入らない。こういう判断はすべての構成要件に共通な問題だから、構成要件該当性判断の前段階ですませておくべきだ。これが行為論の役割で、私としては「意思支配の可能性のある人間の行動」を、行為概念として、犯罪論体系の第一要素である「行為」の内容としたのです。これを何と名付けるかということとの関係で社会的行為論という名称が出てきたにすぎない、こういうことなのですね。

元来、構成要件論を徹底すると、私はやはりM・E・マイヤーのようであるべきだと考えるのですね。つまり構成要件判断の対象はドロドロとした客体である、ドロドロとした無秩序な客体であると。M・E・マイヤーはこれを「出来事」と言った。それが正しいと。だから、私は構成要件論を採る人が行為論を採るというのは徹底しないのではないかという意識を今でも持っているのです。今これを論争するつもりはないけれども、その点、皆さんがどう思っているかというのを本当は聞きたいところなのですね。いずれにせよ、今までお話したようなところから私の刑法学研究が始まっていったのです。

井田　戦後すぐの時点における日本とドイツの刑法学界の問題意識の間には、根本的な相違があったということはいえるのでしょうか。ドイツの場合は、やっぱりナチスによる大変な人権侵害が「法」に依拠して行われたということがあったので、法として作ったとしても「悪法」は法といえない、ということが強調され、議会の作る法律によって否定することのできない、法として最低限有するべき内実とは何か、という自然法的研究の方に関心が向かった。これに対して、日本では、形式的な合法性が強調され、とにかく形式論で国家刑罰権を拘束しようという問題意識から構成要件論が注目されることになった。

要するに、ドイツでは、法の実質を研究して実質的違法論の隆盛を見たが、日本では形式性が強調されて構成要件が刑法の中核的概念となった、こういう理解でよろしいのでしょうか。それとも、日本でもやはり実質に向かうような研究があったのでしょうか。

西原　確かにドイツの場合と日本の場合とで、かなり大きな違いがある。たとえば日本の場合治安維持法みたいな悪法があったことは確かだし、治安維持法によって人の生命が害されたということが事実としてはあるけれども、しかし、たとえば残虐な殺人を直接内容とする法律ではなかったのですね。日本の戦争中における司法というのは、刑法あるいは特別法の解釈がやや国家主義的な方向に傾いたという傾向があるけれども、ドイツに比べると「悪法は法にあらず」ということをことさらに強調しなければならないほどの実態はなかったという気がするのですね。

日本の場合は、むしろ行政権肥大に対する警戒の方が戦後主流になった。デュー・プロセスが非常に重んぜられたところにそれは現われています。構成要件論はその波に乗っていたのですね。したがって、ドイツと事態は同じではない。それはわかる。わかるけれども、やっぱり法律に対するものの考え方の中に、実定法至上主義だけでは危ないこともあるんだよということをナチスは人類に対して教えたのだから、その点については日本もまた考慮しなければならないだろうというのが私の考え方なのですね。

二　修士・博士論文のテーマとなった間接正犯

1　齊藤先生の博士論文「共犯理論の研究」の執筆お手伝いから生まれた関心

高橋　では、次に、修士論文、それから博士論文について、お聞きしたいと思います。まず、テーマとして間接正犯を選ばれ、『間接正犯の理論』（一九六二年、成文堂）という著書に結実するわけですが、どうして間接正犯の研究を選ばれたのでしょうか。

西原　これにもいささか偶然的要素が働いているのです。そういうドイツ刑法研究の傍ら、私としては前回お話ししたように日本の刑法学や刑法典のドイツ訳のような仕事をしてきましたけれども、他方において齊藤先生のお仕事をお手伝いするという形で先生のご指導を受けたのですね。当時、先生は『共犯理論の研究』（一九五四年、有斐閣）という大著を書いておられた。これは最終的には共謀共同正犯を肯定する結論に至るのですが、その大著をお手伝いするというのが大きな仕事だったのです。当時、私は齊藤先生の研究室の中に小さな机を頂いて、そこで先生から指示されたお仕事をやるということで、部分的には齊藤先生の論文の材料となるドイツ文献の翻訳とか、そういうこともやってきた。

そういう中で、修士論文のテーマを何にするかということが二年生になってくるとだんだん問題になってきた。あるとき先生と話をしているうちに、間接正犯が話題になったのです。犯罪は正犯か共犯かのどちらかに分かれるのだけれども、ちょうど正犯か共犯かの一番接触点にあるのが間接正犯だということが課題になった。つまり、どういう場合が間接正犯になるのかという視点は、どうしてそれが共犯にならないかという視点と重ならなければならない。だから間接正犯の限界設定は共犯論の裏面だと思うというようなことを申しあげた。そうしたら、「そうだ、それをやれ」というふうな感じで、それが実は修士論文のテーマになったのです。

2　第一回刑法学会賞を頂いた刑法雑誌論文「間接正犯における実行行為」

ただ、間接正犯の成立要件がどうかという研究だけでは面白くない。せっかくドイツの理論史研究をやっているのだから、それと重ね合わせて研究をしなさいというのが齊藤先生のご指導だった。そこで、構成要件論における間接正犯の考え方から出発し、その典型であるM・E・マイヤーの構成要件論における間接正犯論、次に実質的な違法性をそこにかなり注入してきたメッツガーの拡張的正犯論における間接正犯論、最後に目的的行為論における間接正犯論というように、ドイツ刑法理論史と関連させながら間接正犯論の変遷を眺めた上で、焦点を間接正犯における実行の着手時期の問題にしぼった。

この問題は、実は初学者として刑法の勉強をやり始めたころから何となく気になってならなかった問題だったのです。当時日本の通説は、やっぱりこれは基礎に構成要件論があるからだと思うのですが、実行の着手時期は利用者の行為の中だけにあるという立場だったのです。つまり、被利用者の行為というのは利用される人の行為であって、利用者の行為、正犯者の行為ではない。そうなると、実行行為は利用者の行為だけだということになる。したがって、実行の着手は当然、利用者の行為の中にしかないという形式的な考え方が支配的で圧倒的だったのですね。

ところが考えてみると、確かに間接正犯というのは被利用者が利用者の目的に従って犯罪を犯す可能性が大きいからこそ間接「正犯」になるわけですけれども、しかし類型的にはそうであっても、実際上すべてそうなるとは限らない。しかも間接正犯のいろいろな類型の中には実行の着手時期を利用者の時点だけで考えるというのはいかにも早過ぎると思われる場合がある。つまり実行の着手というのは法益侵害の危険が客観化した時点、切迫した時点でなければいけないし、自分たちもそう言っているのに、間接正犯の場合に、利用者の利用行為の時点ではつねに危険の客観化した時点とはいえないのに実行の着手を認めてしまうのは矛盾しているのではなかろうか。しかも通説の立場は、危険性の認定を早める考え方になるのではないか、これが私の比較的早くからの疑問だったのです。

問題は、利用者の行為だけが実行行為だから、実行の着手は利用行為の中にしかないという形式的な思考ではなくて、どういう時期に危険が切迫したかという実質的な視点が必要ではないかと思ったのです。たとえば被利用者の行為の時点に利用者の実行の着手時期を認めることもありうるという立場を採るべきではないかと。これは実質的違法を重視するヴェルツェルの考え方の中にも多少出てくるのですね。そういうものをある程度参考にし、また日本の実務的な考え方は、たとえば離隔犯の場合、必ずしも通説の考える通りではないというように受け取って、結論として間接正犯における実行の着手時期は利用者の行為の時点にある場合もあるけれども、被利用者の行為の時点にある場合もあるという考え方を明らかにしたのです。

それが前にお話しした昭和三六年（一九六一年）に刑法雑誌に載せていただいた「間接正犯における実行行為」（刑法雑誌一二巻一号七三頁以下）という論文で、これはたぶん平野先生が編集委員をやっておられたことと関係があるかもしれません。これが昭和三七年に初めて設立された刑法学会賞の受賞作品になったのです。田宮裕さんの刑事訴訟に関する論文と並んで刑法学会賞第一号を頂いたのがその論文だった。

『刑法雑誌』第12巻第1号

高橋　この刑法学会賞というのは何回ぐらい続いたのですか。

西原　いや、分からない。その後、あんまり聞かないです。

高橋　いつ消えたのですか。

井田　日本刑法学会編『日本刑法学会五〇年史――刑法学会・半世紀の軌跡を辿る』（二〇〇三年、有斐閣）を見ますと、昭和四六年度に、町野朔教授が「上智法学論集」に掲載された「条件関係論」――たしかに素晴らしい論文ですが――で受賞されたのが最後であったと書かれています。

高橋　結構、続いたのですね。

井田　今は、学会として特定の論文を顕彰するというのは難しいでしょうね。

高橋　間接正犯に話を戻しますが、被利用者の行為の時点にも実行の着手を認めるという先生のお考えは、判例実務の立場と非常に近い結論になりますね。

西原　それを私は意識したのです。

高橋　一方でドイツの理論というものと、他方で日本の判例実務というものとのバランスを保たれている論文だと思うのですが。

西原　バランスを取ったのではないと思うのです。

高橋　そうですか。

西原　確かにそこには、新カント学派の形式論から存在論的な実質論に比重を移したヴェルツェルの理論の影響を受けたという面と、日本の実務的意見とが並存しただけではないだろうか。

高橋　しかし、判例実務というものを大事にしていくというお考えはもともとおありだったと思うのですが。

西原　そうですね。間接正犯の利用者の利用行為が実行行為だから、その時点にしか実行の着手時期はありえないというのはやっぱり形式的な考え方で、危険が切迫した時点を中心にして考えると、その形式主義を突破せざるをえないのだということになる。それが実はたとえば中山さんから批判されるゆえんでもあるのですね。つまり、せっかく構成要件で絞って違法性を限界づけたのが、あなたの理論によって再び違法性の判断が裁判官によって左右されることになるのではないかというように批判されることになる。つまり、ものの考え方の二つがここに典型的に表れていると言ってよいと思うのですね。

『間接正犯の理論』

現に私より少し前ですけれども、ほとんど同時に出版された大塚仁先生の『間接正犯の研究』（一九五八年、有斐閣）は通説の立場を主張しているのですね。大塚さんは団藤理論の継承者ですから、構成要件論の典型的な考え方がそこに出ている。だから、私としては刑法における形式的思考と実質的思考の差がそこに表れ出ると、こんなふうに思っているのですね。この刑法における形式的思考と実質的思考の対立というのは今後もずっと存続することになろうし、それが当然必要なのだと私は思っているのです。

私の実質的なものの考え方というのは、確かに先ほど申したような戦後におけるドイツにおける自然法論の再興、法実証主義への批判という、やや思想的な影響もあるけれども、他方において私は師匠の齊藤先生、そしてその師匠の草野豹一郎先生の影響を受けているのですね。草野先生は大審院の判事であって、大審院の判事でありながら早稲田で非常勤講師として刑法の講座を担当しておられて、齊藤先生はその指導を受けられたということがある。草野先生は共謀共同正犯についての論客で、共同意思主体説の創唱者といわれていますよね。共謀共同正犯については後ほどまた話が出てきますけれども、私のものの考え方の中には草野、齊藤と流れてきた、実務で使える理論、あるいは現に裁判所の判例の中に取り入れられるような考え方を刑法理論というのは準備しなければいけないのだという考え方があって、それがこの間接正犯に対する考え方に最初に表れたのだと思うし、その後もそれがずっと維持されているのではないかと思いますね。

3　厳格責任説の採用

井田　個人的な関心でお尋ねしたいのですが、先生の刑法学説は、確かに全体としては判例実務の立場に近いものがあると思っています。ただ、一つズレていますのは、違法性阻却事由の錯誤の問題について、先生は厳格責任説の立場をお採りになる。

西原　そうですね。

井田　そこは判例実務の見解とは異なっています。日本の学説全体として見ても、先生が厳格責任説を採られたことは、その後の学説に非常に大きな影響を与えたと感じています。厳格責任説の主張者を大いに勇気づけた、勢いを与えたといえるのではないでしょうか。ドイツでは厳格責任説は明らかに少数説ですが、日本においては、厳格責任説がかなり有力な立場になっているのは、やはり先生がその立場に立たれていることによるところが大きいと思っています。それはドイツの影響というよりは、「草野・齊藤シューレ」の学問的伝統から来るところが大きいと考えてよいのでしょうか。

西原　そうとは言えないですね。たとえば事実の錯誤について齊藤先生も草野先生も抽象的符合説を正面から主張しておられる。これについて私はさすがについていけないところがあったのですね。錯誤論全体については。それから、たとえば不能犯論における抽象的危険説も、事実の錯誤における抽象的符合説と同根の問題点になるのですが、この説にもまたついていけない。この抽象性をもう少し実質化する必要があるのではないかと考える中で、とくに故意あるいは違法性の意識の犯罪論体系の中の位置づけについて、これはやっぱりドイツの影響を受けたと言わざるをえないのですけれども、責任説的な考え方を採り、しかも厳格責任説的な考え方を採るに至った。私の可罰性の限界に関する一種の直感的な感覚が、抽象的符合説、抽象的危険説はもう少し限定しなければいけないというところに帰結したと思う。それが現れてきたのかもしれない、こう思うのですね。

井田　なるほど。

4　研究テーマの選び方

佐伯　先生が最初の論文のテーマを選ばれた経緯についてお話を伺ったわけですが、研究を始めた若手の学者にとって、最初にどのようなテーマを選ぶかは非常に重要な問題だと思います。先生はたくさんのお弟子さんをご指導されたわけですが、どのようにテーマの選択についてご指導なさったのかについて伺えますでしょうか。

西原　私の場合、修士論文のテーマを考えるに当たって、たとえば刑法総論・各論、全部を並べてみて、自分がやりたいのはどれかという考え方はまったくなかったのです。そのように、今自分のやっていることとの関係で手近にまとめられるものがあればそれをテーマにするというのは、これは一つの筋だと思うのですよね。でも、これは人によって違うと思うのですよ。

指導教授の研究とそう関係なく、まったく自分だけで勉強している人の場合には、たとえば修士の一年生のときは自由に勉強し、二年生になった前半辺りで自分は一体どこに興味があるかを考え、そして夏休み前ごろにはテーマを決めるというのでいいと思いますね。ただ、研究生活がたとえば指導教授の研究との絡みがあるとか、特殊な問題意識を持った人の場合には、かなり関心が限定されますから、そこからテーマが出てきやすい。それはそれで当然だと思いますね。

私が間接正犯を研究テーマにしたのはそれに当たるわけですが、それが正しかったかどうか、まったく判断できない。齊藤先生が共犯理論の研究をしておられたこととの関係で偶然に生まれたものだったけれども、結果として、その後実質的違法論の中身を追求するという広がりを内包するものであったことは確かです。後に述べるように、間接正犯から出発して、これと類似の構成を持つ「原因において自由な行為」の研究に進み、実行行為の実態分析を中核とする違法論の、これは今のような結果無価値・行為無価値ということが議論される以前の段階ですけれども、実質的な考察を体系化していくという仕事に広がっていった。間接正犯を選んだことがその後の私の研究を決定したことは確かです。もっとも、これはすべての人に当てはまるものではないと思いますね。

佐伯　高橋さんが修士論文のテーマをお決めになるときは、西原先生のご指導はどのようなものだったのですか。

高橋　私のときはとくにやりたいものがなかったのですが（笑）、修士一年の終わり頃にテーマを三つぐらい持ってこいと言われました。そこで、統一的正犯体系、予見可能性、未必の故意につき、それぞれ目次を持っていきました。それで先生が御覧になり、このテーマは先に続かないとか、これは研究室の先輩がやっているとかで絞られてきて、「私の研究室では、最近、共犯論がいないから、いいのではないか」ということで、非常に偶然的に決定しました。

西原　結果としてはどうだった。

高橋　良かったと思います。

井田　いま、恩師の前で「後悔しています」とは言えないですよね（笑）。

高橋　でも、テーマの選択は大事ですね。

西原　難しいのですよ、これは。非常に難しいです。つまり、テーマは面白くても論文がいっぱいあって、自説がほとんど出せないというのをやるのがいいかというと、論文はすぐ書き上げられるけれども特色が出せないというところがある。他方、まるっきり論文がないという問題をテーマにすると、ものすごく苦労する。その代わり特色はうんと出すことができる。これはあなた方が若い修士の学生に対してテーマを認める一つの価値基準になるでしょう。皆さんもたぶんいろいろ悩み多いだろうと思う。人によって違うしね。

できれば、その人のものの考え方とか、世界観みたいなものを見つけ出して、好みとか、それに合ったテーマを与えるのが一つ。さらにできうべくんば、そのテーマから次へ展開できるようなテーマを選んであげるというのが、とくにドクターへ残り、あるいは研究者になりたい人の場合には、そういう配慮が必要ですね。

高橋　あと、先生から言われたのは、最初つまらないテーマと思っても、とにかく一〇年間はそれを追っかけていけけと。そうすると雲の上に出られて全体が見えるのだからと。途中でやめて違うのをやろうかなと、そういう浮気心が出るのだけど、とにかく一〇年間は一つをやるということですね。

西原　何でもいいから、それをやる。

高橋　この点かなり重要だなって思います。

西原　その途中で留学しちゃ駄目だと。

井田　そこは大きいですよね。宮澤浩一先生とは正反対ですね。宮澤先生は、「とにかく行ってこい」と指導していました。

佐伯　貴重なお話をありがとうございました。

三　学会へ引き上げてくださった平野龍一博士

1　「ドイツにおける酩酊犯罪」の執筆──「酩酊と刑事責任」──

高橋　先生のご研究は、その後、間接正犯から、酩酊犯罪、過失交通事犯というテーマに移ら

平野龍一先生

れ、それが刑法学会への仲間入りというステップになったと思うわけですが、そのきっかけなどをお話ししていただければと思います。

西原　これは非常にはっきりしているのです。今でもはっきり覚えているのですが、昭和三三年（一九五八年）の一二月二〇日に突如として東京大学の平野龍一先生から電話がかかってきた。平野先生は当時、たぶん学会運営の事務を引き受けておられ、少なくとも刑法雑誌の担当をしておられたと思うのですけれども、こういう電話なのですね。その年の秋の学会で「酩酊と刑事責任」というシンポジウムをやった。そのとき比較法研究の中でドイツは京都大学の宮内裕教授が担当したと。そのシンポジウムは非常に評判が良かったので、そのシンポジウムを本にしたいと計画し、宮内先生に執筆をお願いしたところ、健康上の理由か何かで断られてしまったと。急なことで大変申し訳ないが、あなた、それを担当してくれないか、こういう電話だったのですね。

当時、私はまだ専任講師にもなっていない、助手なのですね。そこへ大先生の平野先生から声が掛かるというのは大変光栄に思ったのですけれども、他方、私は酩酊犯罪についてまったく研究していないということがあったし、もう一つ大変個人的な理由があって、その年の九月に長男が生まれたのですね。当時、家内は共働きでしたから、子どもぐるみの家庭生活をあんまりよく味わっていないので、このお正月には両方の実家に行って、ゆっくりと、初孫と共に楽しい正月をゆっくりと過ごそうと、こんなふうに考えていたこともあり、ちょっと迷ったのです。しかし、平野先生からのお声掛かりはやっぱり大変なことだとすぐに思い直し、三時間余裕をくださいと言って、図書館に行って、とにかく文献がなければどうしようもありませんから、文献があるかどうかを探したところ、ほぼ早稲田の図書館にあるということが判明したのですね。唯一の例外は例のリヒャルト……。

井田　ああ、リヒャルト・カッツェンシュタイン（Richard Katzenstein）の Die Straflosigkeit der actio libera in causa ですね。

西原　そうそう。一九〇一年に出版された彼のあの論文がなかった。「原因において自由な行為の不可罰性」という論文は、原因において自由な行為という考え方を否定する唯一の論文として有名でしたが、それだけは早稲田の図書館になかった。確か慶応にもないでしょう。

井田　ないと思います、はい。

西原　私もずっと後になってからやっと手にすることができたのですけれども、いずれにせよ、それ以外は図書館にほぼ必要な文献がそろっていたので、「では、お引き受けします」とお答えし

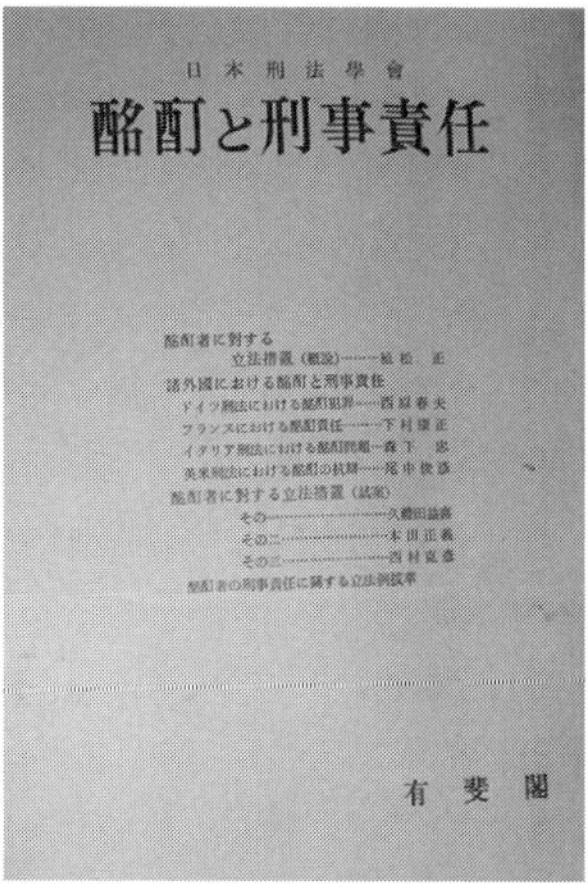

『酩酊と刑事責任』

た。ついては締め切りはいつですかと尋ねたら、一月の一〇日だというのです（笑）。一月の一〇日といえば、お正月を挟んで二〇日しかない。しかも初めて手がけるテーマで論文を書くって、これは容易なことではないでしょう。それはそれは大変なことでした。家内には了解を得て、とにかく一日と二日には初孫を連れて両方の実家には行ったけれども、それ以外は本当に朝から晩まで座りっきりで書き続けて、それで一月一〇日に一四〇頁、注がずらーっと並んだ、しっかりした研究成果を平野さんに届けたということがありました。

どうして平野さんが私にドイツにおける酩酊犯罪の担当を依頼したかについては、これは平野さんから直接伺ったところと、私が推測したところとが一致したので申し上げるのですが、前回お話ししたようにドイツ刑法改正の資料の翻訳を齊藤先生が引き受けて来られて「齊藤工場」としてたくさんの成果を上げているということを平野さんは非常によく観察していらして、おそらくは西原ならばあの膨大な仕事を短時間でやりのける能力のあるやつだろうと推察したらしいのです。

それで、一月一〇日に平野さんに研究成果を届けたところ、平野さんは元来ぶっきらぼうな方ですから「うん、どうもありがとう」と言うだけで、その時は終わったのですが、たった二〇日間でこれだけの論文を仕上げたということには大変驚かれたようなのですね。たぶん驚かれたただろうということが、次の段階に発展して、それが実は私の一生を決定するような大事なことが回ってきたというところに表れたのです。

それは昭和三四年、つまり論文を書き上げた年の秋の学会のことでした。その学会には、「過失と交通事犯」というテーマがつけられたのです。お気づきと思いますが、平野さんは当時、「体系的思考から問題的思考へ」という問題意識を大変強く主張しておられて、刑法学会の研究テーマも、それまでのような犯罪論体系の研究から具体的な、現代社会を悩ませているような社会現象を刑事責任という観点から分析しようという方向に変わっていったのですね。前の年の学会で「酩酊と刑事責任」がテーマとされたのもその表れでした。当時日本は「酒飲み天国」と言われていたような時代だったので、それにどう対応すべきかを議論しようというのがその趣旨だったと思います。

そういう視点で見ると交通事犯は当時のもっともホットな問題の一つでした。日本の高度経済成長がいつから始まるかについてはいろいろな見方があると思うのですが、やっぱり朝鮮戦争の影響を受けて昭和三〇年代の初めごろから日本の景気が良くなってきたことは確かです。そのころから次第に自動車が増えてきた。ところがまだ貧しいから、道路設備がまるで整っていない。法律もあんまり普及していないというようなことから事故が激増した。ちょうどそういう時期ですから、刑法学会で「過失と交通事犯」というテーマで議論するには大変ふさわしい時期だったわけです。

2　学会報告「西ドイツにおける過失交通事犯」——信頼の原則——

西原　その学会の少し前に、何と平野さんからまた電話がかかってきて、比較法研究をドイツとアメリカについてしたいと思うが、ドイツの部分を報告してほしいという依頼があったのです。聞いてみるとアメリカは後に国連関係で大変活躍された敷田稔検事、この方はアメリカに留学をして、アメリカ留学中にアメリカ中を車で走り回ったという経験のあられる方だそうですけれども、その敷田検事がアメリカを担当される。そしてドイツは西原だと。

私はドイツへ行ったこともないし、まだ専任講師になりたてで、適任であるかどうか、いささか当惑したけれども、そういう依頼があったのは大変光栄なことなので、お引き受けすることにしました。そして、ドイツにおける文献を読んでみると、ドイツの判例の中に「信頼の原則」というのが戦前に生まれ、だんだんと発達してきて、これはちょうどナチス時代に生まれたものであるけれども、戦後もナチスの思想とはまったく関係なく連邦裁判所によって支持されて今日に至っているというようなことが分かった。そこで、その「信頼の原則」を柱とした報告をしたのです。

ドイツへ行ったことはないけれども、ドイツにおける交通事情と日本における交通事情ではどうも違うらしい。したがって、今の日本の法制あるいは道路設備等の状況を見ると、日本では「信頼の原則」はとても採れない、時期尚早であると、こういう見解を含めて報告をしたのですね。

この学会の報告が、ドイツの「信頼の原則」を日本に紹介した初めてというふうに言われたわけで、一九六〇年代の後半になって日本の最高裁判所が正面からこれを認めて以来、「信頼の原則」が一挙に学術的な、あるいは実務的な関心の対象になって、約一〇年間、私はその「信頼の原則」の専門家としてその方面で、いわば珍重されるようになったきっかけになったことは明らかです。それとともに、私自身交通事故の場合だけではなく、過失論一般について、当時の井上正治さんが提起された問題意識を主に参考にしながら過失論を考えるようになった。そのきっかけになったのが、この平野教授からの二つの依頼だった、こういえるわけです。

3　人生の機微

ここでちょっと。この一連の流れはすべて、先ほど申した昭和三三年（一九五八年）一二月二〇日の電話が最初のきっかけになったのですけれども、これに関連して私は、いわば人生の大先輩

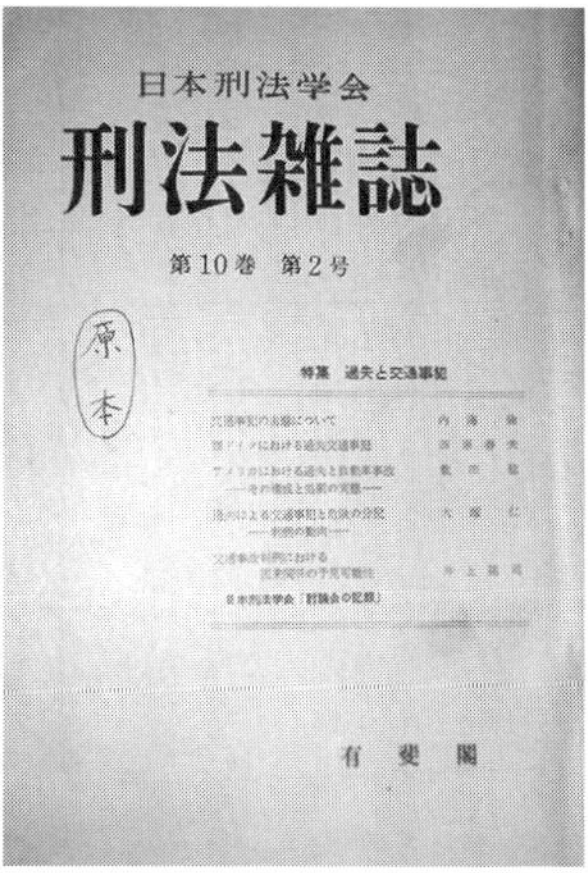

論文「西ドイツにおける過失交通事犯」が掲載された『刑法雑誌』第10巻第2号

として、あるいは学会の大先輩として、本書の読者の皆さんにお話ししたいことが三つあるのですね。

一つは、これは前回お話をしたように、私は人生っていうのは大事なことほど偶然によって決まるという考え方を持っているのです。その例として、たとえば私がなぜ高等学校でドイツ語をやるようになったかについて、まったく偶然「文乙」と大きい声で言ったのが原因となり、その瞬間に私の一生が決まったというところにも表れていますが、学術の世界でそれに似たのがこの平野さんの電話だった。おそらく昭和三三年秋の学会の報告者の宮内さんがそのまま執筆を引き受けていれば、私は酩酊犯罪はもちろんのこと、おそらくは過失犯、「信頼の原則」にも携わらなかった。その後の私の刑法研究者としての在り方は非常に違っただろうと思います。こういうふうに、たまたま宮内教授が健康を害されたとか、あるいは平野教授が私を思い浮かべたという事実、それにはそれなりにまた別な、必然に近い経過があったと思われるのですが、いずれにせよこれが「偶然が人の一生を大きく左右する」ということの例である、これが申し上げたい第一です。

第二は、私が八七年生きている間に感ずることなのですけれども、いろいろな人を見て、これが自分の一生を左右する非常に大事なことなのだということを見分ける力のある人とない人があるのですね。力のない人は外から見て「このチャンスを逃しちゃいけないのに」と思うようなチャンスを平気で逃してしまう。つまりその人の能力が発揮できる立場に立ちえたのにそれを逃がしてしまうということがある。私は「出世する」ということ自体を目標にすべきではないという考えを持っていますので、今申したことは、出世する機会を逃してはいけないと説いているのではないのです。そうではなくて、人間というのは自分が持っている能力、つまり両親から、あるいは先祖から授かった、生まれながらの能力をできる限り発揮させて人のため世のために尽くすということが大事なのだと、こう考えているので、それとの関連で申し上げたのです。

したがって、そういう観点からすると、自分の生涯を決定するような大事なことが起こった場合には、もう夜、寝ないでででもその仕事をやり遂げなければいけないのだと。これは天から降ってきた、いわばお指図なのだと、こういうふうに受け止めるべきだということの例として、この出来事をご紹介したいと思うのですね。

第三は、平野さんは明らかに私の能力を発揮させる役割を演じて下さったと思う。たとえば今、お三方とも学会の中枢にあって、若い人たちを引き立てうる立場にある。つまり、若い人たちに持てる能力を発揮させる条件をつくってあげられる立場にある。それに従うかどうかは相手方の能力とか意向次第だけれども、そういう条件を作ってあげるというのがやっぱり先人の仕事だろうと思う。平野さんの貢献を一つの例としてお話を申し上げたかったのですね。

4　学会は自分で開拓すべきところ

佐伯　（『刑法学会五〇年史』を見ながら）平野先生はこの当時、刑法学会の理事だったようです。

西原　雑誌の担当はやっていたの。

佐伯　そこまではちょっと分かりません。しかし、学会の共同研究をどなたにお願いするかというのは常務理事会で議論になるでしょうから、当然齊藤先生も関わられているのではないでしょうか。

西原　平野先生は理事長補佐か何かやっていなかったの。

佐伯　この『刑法学会五〇年史』では、そこまではわかりません。

井田　当時、理事長は誰ですか。

佐伯　木村龜二先生です。

西原　理事長補佐っていう言葉、ないの。

佐伯　『刑法学会五〇年史』には書いてないです。常務理事が植松、齊藤、團藤、日沖の各先生です。

井田　そうですね、齊藤先生も入っていらっしゃったのですね。

高橋　齊藤金作先生がプッシュされたという可能性はありますか。齊藤金作先生がサジェスチョンしたとかっていうのは。

佐伯　西原先生を共同研究の担当者として。

井田　当時の常務理事が齊藤金作先生だったとすると、むしろ齊藤先生が「うちの西原を」……。

西原　してない。この点齊藤先生は徹底しているのですよ。たとえば現実の学会ね。学会の総会。私をほかの先生に引き合わせしたことは一回もないのです。おそらく、学会は一人で開拓すべき場所なのだという考えを徹底して持っておられたらしいのですね。先生は普段は非常に個人的に親切にして下さるのだけれども、学会へ出るとまるっきりつき離してしまうのです。

そういう考え方ですから、学会でおそらく「西原を」ということはおっしゃらない。だからやっぱり学会運営の担当をしていた平野さんです。そう思う。これは、ある意味であなたたちにとっても大事なことで、時々、例えば学会の場所で自分の門下生を紹介する人がいるけれども、それは間違い。学会というのは一人で開拓すべき所です。

高橋　若い人にとっては大変勇気のいることですね。

西原　最初は取りつく島がないです。私が最初に学会に出たとき、あの滝川幸辰先生が理事長で、その周りに木村龜二、佐伯千仭、團藤重光、齊藤金作、その次は平野龍一、平場安治、それから大塚仁、福田平、高田卓爾、吉川経夫、森下忠、きらびやかな先生方がずらーっといました。みんな知らない人ばっかりで、その人たちが議論するのを「はーっ」て、何ていうかな、憧れみたいな想いを抱いて眺めるだけで、取りつく島もない。しょうがないから、前回お話しした下村先生の後ろにくっついて少しずつ少しずつ友達を広げていったというようなことがあった。たとえば森下さんあたりは最初の学会のときから何かと声を掛けて下さったりして、非常に親しくしていただいたのを大変うれしく思った。そういうことで、本当に学会というのは一人で開拓していく。つまり、自分の力は自分で諸先生に認めていただけるようにすべきものなのだと、こういうふうに思うのですね。

井田　先生が学会賞を得られた「間接正犯における実行行為」、これはもともと学会での個別報告だったのではないのですか。

西原　違います。これは個別報告ではなくて刑法雑誌に載せたのが学会賞の対象になった。

井田　当時は、会員が論文を書いて刑法雑誌に投稿するということができたということでしょうか。

西原　それはどうだったか、よく覚えていません。

高橋　これは頼まれて書かれたというわけではないのですね。

西原　いや、頼まれていない。これは、書いたものを載せていただいた……。

高橋　投稿制だったのでしょうね。

西原　平野さんに頼んだか、その点は齊藤先生がやってくださったのか、ちょっと分かりません。時系列的にいうと、昭和三四年に「ドイツ刑法における酩酊犯罪」、三五年に「西ドイツにおける過失交通犯罪」、三六年に「間接正犯における実行行為」と流れてくるのです。

井田　昭和三六年ですか。もし現在のように、若手による個別報告というのがあったとすれば、そこで「おっ、この西原という若い研究者はなかなか……」となりますが、そういうのがないわけですね。

西原　うん、違う。

井田　そうなりますと、先生が刑法学会にデビューしたのは、酩酊犯罪についてのご論文をもって、ということになりますね。そして学会報告がこの「西ドイツにおける過失交通犯罪」であり、学会での初登壇ということになります。

西原　そう。

高橋　学会の同期としては、たとえば東大の藤木英雄先生や慶応の宮澤先生とかでしょうか。

西原　ほぼね。

高橋　その人たちとは最初から親しかったわけでしょうか。

西原　いやいや、やっぱりそれぞれ違う時期に。宮澤さんは私の二つ下ですよね。しかし、早稲田・慶応の関係だから比較的早くから話をするようになったと記憶しています。藤木さんはもっと下ですから。

井田　でも、質疑応答の記録などを見ていますと、藤木先生がわーっと出てきてしゃべっていますね。当時からすごかった。大先生がたくさんいらっしゃるのに……。

西原　確かに藤木さんは若いのに、平気で蝶のように飛び回っていた。私などびっくりして眺めていたものです。でもしばらくしてから大変親しくなった。

四　「間接正犯」から「原因において自由な行為」へ

1　「ドイツにおける酩酊犯罪」が偶然のきっかけ

高橋　その後、西原先生のご見解として必ず登場するのが「原因において自由な行為」の法理ですが、間接正犯から「原因において自由な行為」へと移行する過程についてお話して下さい。

西原　元来、間接正犯は利用者と被利用者の行為から成る犯罪ですね。他方「原因において自由な行為」の場合には原因設定行為と結果行為が同じ人であるという違いはあるけれども、その二つの複合から成る犯罪で、構造が非常に似ている。だから、元来、間接正犯の実行の着手時期を問題にすると、「原因において自由な行為」における実行の着手時期も当然問題にすることになるわけですが、間接正犯の研究をやっているときにはそこまで思い及んでいませんでした。ところが、全然別なルートで、その「原因において自由な行為」の研究をさせられるようになったのです。

その一つが、先ほどお話ししたように、平野先生からの依頼によって「ドイツ刑法における酩酊犯罪」の報告を書いたことです。ドイツにおける酩酊犯罪というと、二つ大きな柱に分かれる。一つは「原因において自由な行為」として、泥酔中に他人の利益を害したという場合に責任能力が問えるのかどうかという問題が当然ある。もう一つはドイツ刑法典の中には酩酊犯罪についての独立規定「三三〇条ａ（完全酩酊）」という日本にはない規定がある。その二つが報告の柱でした。それが契機となって、「原因において自由な行為」についても研究をするようになったのです。

2　改正刑法準備草案と論文「責任能力の存在時期」

西原　それからもう一つ、外側からの外部的理由で「原因において自由な行為」の研究をするきっかけなったのが、「改正刑法準備草案」の中の一六条だったのですね。

戦後の刑法改正事業についてはまた後ほど出てくると思うのですけれども、いわば最初の草案として昭和三五年（一九六〇年）三月に「改正刑法準備草案（未定稿）」というのが発表されて、その後、それに対する批判などを参考にしながらこれを修正したのが昭和三五年一二月二〇日に公

『改正刑法準備草案の総合的検討』

表された「改正刑法準備草案」でした。その中に第一六条という規定があって、「原因において自由な行為」そのものについての規定が設けられるようになったのです。この準備草案については、法律時報が『改正刑法準備草案の総合的検討』（法律時報三六五号臨時増刊）（一九六〇年、日本評論新社）というぶ厚い特集号を発表し、これに続いて日本刑法学会が、大会における共同研究の成果を基礎に『改正刑法準備草案』（一九六一年、有斐閣）と題する単行本を出版しました。そのどちらの中でも私は第一六条についての解説を、おそらく先ほど述べた研究の延長線上で分担したということがありました。

そういう中で、ちょうど間接正犯と同じように「原因において自由な行為」の場合にも通説は、その実行の着手時期は当然責任能力のある原因設定行為の時点に認めるべきだという考え方だけれども、それでは早過ぎないかという同じ問題がここにあるなということを感ずるようになったのです。そこでその点についていろいろと考えを深めている間に、たまたま佐伯千仭先生の還暦祝賀論文集が発行されるということになりました。佐伯先生は、もともと「責任能力と実行行為の同時存在の原則」は弾力的に考えるべきだという考えを展開しておられた。それを半ば支持し、あるいはもう少し理論づけをするという形で論文を書いて、この還暦論文集に載せていただいた。それが「責任能力の存在時期」という論文（『犯罪と刑罰』(上)四〇四頁以下（一九六八年、有斐閣））だったのです。

その要旨は、「原因において自由な行為」の場合、原因設定行為と結果行為とが一つの意思によって統一されている限りは一つの行為として捉えてよい。その上で、原因行為時に責任能力がなくても、その行為の発端に責任能力があれば、その行為の発展段階において具体的な危険が生じた時点で実行の着手時期を決めるべきであると。つまり、実行の着手時期はいわゆる原因設定行為時点に限るべきではないという、私の間接正犯論と同じような結論を「原因において自由な行為」に適用した、その論文を発表したということがありました。

それに対しては当然いろいろな方面から批判があり、とくに團藤重光先生が正面から批判をされたということがあったので、ちょうど團藤先生の古稀を祝賀する論文集が企画されたのを機会にこれらの批判に対して反論をする論文「原因において自由な行為についての再論」（『團藤重光博士古稀祝賀論文集』第三巻二九頁以下（一九八四年、有斐閣））を書き、この論文集に載せていただくというようなこともありました。とかくするうちに、私のような考え方が実務にもだんだんと影響するようになったと思われます。そういうようなことで、間接正犯論と「原因において自由な行為」論を一体とした私の実行行為論のある部分がだんだんと明らかになったのがこの時期だった。こういうことですね。

高橋　この点も、非常に偶然性的な事柄によって見事に間接正犯論と「原因において自由な行為」論とが融合したわけですね。

西原　それが偶然によってくっついた、こういうことですね。

高橋　先生のお考えの基礎には、行為論、実行行為論というものが犯罪論の中核を構成するというご見解があると思いますが、最近では、間接正犯における被利用者説、原因において自由な行為における結果行為説は通説化していますね。

西原　学会的にも多いのでしょう。少なくとも原因行為時点のみに限るっていう説はないのではないでしょうか。

高橋　そういえると思います。

五　共謀共同正犯への関心

1　草野―齊藤―西原と流れる学統の重さ

高橋　時期的には「原因において自由な行為」に関するご論文を次々と発表される前の段階かと思いますが、留学中に『齊藤還暦』『現代の共犯理論：齊藤金作博士還暦祝賀』（一九六四年、有斐閣）に「共同正犯における犯罪の実行」というご論文を書かれました。その内容が皆にとって非常な驚きでした。といいますのは、留学中なのでドイツにおける共同正犯論を書かれるのが普通でしょうが、正面から共謀共同正犯の是非を論ぜられたこと自体が驚きだったと思うのです。

西原　この点について、まず、当時の学界状況を申し上げなくてはなりません。共謀共同正犯を正面から認める人っていうのは、おそらく四～五人しかいなかった。草野先生、齊藤先生、それから小泉英一、植松正、竹田直平の諸先生、そのぐらいなのです。あとの多数は圧倒的に否定説。しかもそれが非常に激しい攻撃の対象になっていたのですね。たとえば木村龜二先生は「刑法における思惟の危機」という表題でもって、共謀共同正犯を認めるような考え方そのものを厳しく批判しておられたという状況だったのです。

その中で草野・齊藤両先生の系列というか、学統というか、その継承者である私が共謀共同正犯についてどういう立場を採るべきか、これはもう大変大きな悩みだったのですよ。今からは想像もつかないぐらい圧倒的な、しかもものすごく強い反対論の中でそれを支持できるのか、これは大変な悩みでした。ところが、何と齊藤先生が還暦を迎えられ、『現代の共犯理論』という論文集が編さんされることになったのです。

当時まだ自説が確立できていなかった私は、最初は共謀共同正犯についての分析は避けて、ドイツの判例の中に多少そういうところがあるから、それを紹介するにとどめようかと思った時期もあった。ところが、ちょうど同じ時期にドイツに来ておられた、齊藤研究室の大先輩の髙橋太郎判事から厳しく叱られたのです。とにかく草野・齊藤の直系の弟子なのだから、正面から共謀共同正犯を是認できるのか、否認するべきなのか、立場を決定しなきゃいけない。否認するなら否認するでもいい。だけど、立場をはっきりしないのは逃げだと言われて、確かにその通りだと考えを改めざるをえなくなった。

2　苦心した「共同正犯における犯罪の実行」

そこで私は、こういう問題を提起しようと考え出した。共謀共同正犯に批判的な意見が圧倒的ですから、その意見に対する反論というのはあんまりないのです。草野先生も齊藤先生も、自説を展開するだけで、反対意見に対する反論はしておられないのですね。通説である共謀共同正犯否認論の一番大きな根拠は、刑法における個人責任の原則に反するという考え方なのです。ところが、通説はそれを言うだけで、個人責任の原理って何なのだという分析をつきつめてやっていない。そこで、その分析から始めようと思い立った。つまり、個人責任ということの理解の仕方次第で、もし共謀共同正犯是認論が個人責任の原理に立って展開することができるとすれば、その批判は当たらないということになる。

逆に、通説の場合でも、自分が実際に行った行為のみについて責任を負っているわけではないでしょう。二人が共同で強盗をやって、一人が暴行・脅迫を担当し、一人が財物奪取を担当したという場合に、通説もまた強盗という構成要件に該当する限りにおいては共同正犯を認める。ところが、実際上、自分のやった行為のみについて責任を負っていないではないですか。つまり、それは、他人の行為の責任を分担するというのか、あるいは自分の行為と他人の行為を合体した強盗という実体について共同して責任を負うというのか、とにかくそういう理論を採らざるをえない。それが果たして個人責任の原理といえるのか、そこの分析から始めようということで論文の執筆を開始した。

結局、私は、通説もまた個人責任の原理というのは純粋のものとしては貫いてない。そうだとすると、どれだけ拡張できるかという問題になるのであって、その拡張できる限度を形式的な構成要件該当行為に限定するいわれは、必ずしもないではないかと考えた。むしろ、ある犯罪の実現について重要な役割を演じたという客観的な基準を設定して、それについて個人が責任を負うのだというように考えれば、個人責任の原理に反するという批判は当たらないということになる。そういう説を立てて共謀共同正犯是認の立場を明らかにし、それをこの論文集に登載したのです。今でも私はそれが正しいと思っているし、当時は批判が多かったけれども、だんだんとこういう考え方が説得力を持ってきたのではないかなと、こんなふうに見ているのですね。この契機になったのが、『齊藤還暦』への寄稿だったのです。

高橋　この論文はちょうど、私が修士論文のテーマとして共犯論に取り組んでましたので、論文執筆の手法を学びました。つまり、外在的批判ではなくて通説の中に潜んでいるものを引き出す手法として素晴らしいと思いました。

西原　逆に、通説の中に入りこんで、本来内在的批判をすべきなのにみんなが言うから分析を怠ってきた問題点を外からバンと指摘する。それがあの論文の手法だったのですね。圧倒的通説に抗して共謀共同正犯が認められるか。その悩みが大きかったことから、着眼の特殊性も生まれてきたのではないかなというふうに思うのですね。だから、私は決して草野・齊藤、おじいさん・お父さんの説だからこれを認めるというのではなくて、私個人として、学者として共謀共同正犯には確かにその解釈について問題がある。それは、判例によってコントロールをすべきだと思うけれども、理論そのものについては通説の圧倒的な批判は当たっていないと、こういう確信を持つに至ったわけです。

3　最近の判例の問題点

高橋　その後、肯定説がだんだん増えてきたわけですが、最近の最高裁のスワット事件（最決平成一五・五・一刑集五七巻五号五〇七頁）についてはどうお考えでしょうか。先生は『刑事法ジャーナル』三号五四頁以下（二〇〇六年）」に「憂慮すべきだ」と厳しい批判を載せられています。

西原　あれは非常に問題だと思うのですね。確かに判決・決定というのは個別事案についての判断だけれども、判例というのは同種の事件について適用になるわけでしょう。そうすると、原理原則というのが非常に大事であって、その原理原則が独り歩きするおそれがあるということを厳しく考えなくてはいけない。そういう観点で見ると、平成九年に相次いで起こった拳銃の所持に関する暴力団の一連の事件について下された一連の最高裁判所決定は、「共謀」の認定基準を拡大し、結果として共謀共同正犯の成立範囲を拡張してしまっている。私の立場から見ても、あの一連の判例は明らかに逸脱していると言わざるをえません。

あの論文の冒頭に書いたように、とにかく圧倒的通説に抗してまで共謀共同正犯に関する判例の立場を認めてきた私としても認められない判例であると前置きした上で反対意見を述べたのですね。その点は今後まだ検討の対象になるのではないかと思う。

高橋　まず共謀概念がはっきりしないといけないですよね。

井田　そうですね。

西原　確かに共謀概念については練馬事件判決（最大判昭和三三・五・二八刑集一二巻八号一七一八頁）が長い間一つの基準を提供していたけれども、練馬事件判決も当該事件との関係で制約があり、基準としては実は網羅的ではないのですね。ただ共謀の成立要件と認定基準を一定程度客観化した功績は大きい。その点から言うと、あの一連の判例は、まず認定基準から客観的要件をはずしてしまったところに問題がある。ただ一連の判例がすべて共謀共同正犯を不当に認めたと言えるかというと、そうではない。一連の判例の中で時期的に一番最初に出された平成一五年五月一日の、山健組組長に関する決定が共謀共同正犯を認めたこと自体は私は承認できると考えているのです。この事件の場合、スワットという、拳銃を持って組長を守るボディガード組織が現実に存在していて、それを組長をはじめ皆が認識していたと考えられる事例だったからですね。

私をして言わせれば、こういう事情を客観的要件として共謀の認定基準を一般化しておけば、練馬事件判決と並ぶ共謀共同正犯の成立範囲に関する立派な判例になったと思うのです。

ところがこの決定は、一般的基準としては、「拳銃所持者との間に意思連絡があった」という主観的要件だけに集約してしまっている。そこに問題があるのであって、これを単純に一般化すると、スワットのような組織がない場合にも、部下の拳銃所持について認識可能性があれば共謀があったというように一般化しかねない。現に私が論文で批判した第二の最高裁判所決定（平成一七年一一月二九日）は、スワットのような固い組織がないのに共謀を認めてしまっているのです。

このような判断の裏には、問題となっているのは暴力団組織なのだから、見張りしている部下は拳銃を持っているのは当たり前な実態がある。だからそのことを具体的に知っていなくても認識可能性がある。しかし、それを共謀だというのは言い過ぎだと私は思うのですね。

しかも、元来銃砲等所持というのは一種の形式犯でしょう。形式犯というか、挙動犯ですね。

つまり、元来現実に持っていた者に限るものなのです。ただ、たとえば拳銃を所持して保管するについて、たとえば親分がこれを命令し、部下が集めて事務所に保管した。親分もそのことを知っているというふうな場合には、たとえば親分は銃砲等を現実に手にしなくても共謀共同正犯を認めていいと思う。そういう場合と、スワットなどの組織の存在がはっきりしていない場合と比較してみると、最高裁判所は明らかに共謀共同正犯の成立を広げ過ぎているというのが私の見解なのですね。もう共謀共同正犯を採るのをやめると言いたいところですが、さすがにそれは言えない。

佐伯　ドイツでは共謀共同正犯というものに基本的には否定的なのに対して日本では伝統的に認めてきているということについて、先生は、どこからそういう違いが出てくるとお考えでしょうか。

西原　たとえば銀行強盗のような場合を考えると、物を盗るとか、銀行員を脅す行動なんていうのは誰でもできる、片々たる行為なのですよ。通貨偽造罪の場合に現実に偽造する作業をするようなものなのですね。したがって、銀行強盗という大きな、組織的な行動の場合に構成要件に形式的に該当する行為をやった者だけが共同正犯で、全体を計画し指揮をとった幹部は教唆犯か従犯だという考え方は、私はどうしても承認できない。私の胸にはどうしてもすとんと落ちない。ここにあるわけですね。皆さんはどうなのかっていうことです。

佐伯　先生は日本の刑法をドイツにたくさん紹介されていらっしゃるわけですけれども、日本の共謀共同正犯をドイツで紹介した場合、ドイツではどういう反応を受けるのでしょうか。

西原　ちょっと分かりません。いずれ研究調査しようと考えていたのですが、やらずに終わってしまいました。しかし、ドイツは元来、そう形式的ではないでしょう。共同正犯について。

井田　そうですね。むしろ主観説ないし主観的要素をかなり重視する折衷的見解だと言ってよいと思います。

西原　日本のほうが形式的だったのですよ、ドイツより。

佐伯　ただ、黒幕を共同正犯でというのは、日本より狭いのではないでしょうか。本当のところはどうなのですか。

高橋　主観説だと広くなりますよね。

井田　ドイツと日本の判例を比較して、共同正犯を認める範囲、その主観的・客観的要件が具体的にどの程度違うのかというところまで研究したものは寡聞にして知りません。本当はそこまでやらなければいけないのでしょうけれども、ただドイツでも、現場にいなくても背後の黒幕を共同正犯にするという発想は当然にある。

西原　認めているね。

井田　認めています。

佐伯　判例でですか。
西原　判例で。
佐伯　共同正犯ですか。
井田　もちろん、共同正犯としてです。
佐伯　間接正犯ではなくてですか。
井田　ロクシンのように、背後者と現場とが少なくとも無線機でリアルタイムにつながっていない限りは共同正犯にはできない、ただ間接正犯の可能性はある、とする見解は少数説だと思います。
西原　包括的行為支配的な考え方。
井田　そうですね。判例・通説は、行為支配を認める考え方で背後者も処罰するようです。
高橋　組織的なやつなんかは間接正犯にしてしまうのでしょう。
井田　もう本当に組織的なやつですね。強力に組織された、たとえば国家機構を使って、支配者が権力犯罪を実現するようなケースの場合には間接正犯ですね。
高橋　いずれにせよ、判例実務と先生の理論との融合という点では、同じ方向にあると思います。これに対して、従来の通説はまったく形式的に考えていたわけですが、他方、判例と先生のお考えは実質的に考えていこうという、同一の方向性にあったわけですが……。

西原　だから、判例が私に背いたのは大変遺憾であった。

六　過失犯論への関心

1　「信頼の原則」研究のその後の発展

高橋　次に、先ほどもお話が出ましたけれど、まさに先生が主張された「信頼の原則」を最高裁が採用したわけですが、ここでまとめて過失犯についてお話ししていただきたいと思います。

西原　日本で過失犯が戦後、刑法学上非常に注目されるようになったのは、とくに高度経済成長の過程で過失犯そのものが現実社会の中で複雑な様相を呈するようになり、過失の認定基準について分析が非常に必要になってきたからだと思います。とくに交通事故から出発して、たとえば大規模建設工事であるとか、大きい施設の火災であるとか、あるいは医療行為であるとか、そういう分野で過失認定基準の明確化の必要性が監督責任の認定と絡みながらだんだんと拡大していったという事情が大きい原因だったと思います。

そういう過程の中で、どちらかというと故意・過失を「責任」の問題として考えるというのが戦前からの日本の通説だったけれども、それに対して、「違法行為としての過失行為」という考え方がだんだん強くなってきた。それは当時の社会生活の急激な変化を反映したものだろうと思い

筆者とフォルクスワーゲン

ますが、いずれにせよ過失犯の分野で開拓的な役割を演じたのは井上正治教授の『過失犯の構造』（一九五八年、有斐閣）で、井上さんは今まで言ったような単に責任の違いではないよと。落ち度のある態度というところに問題があるのだという指摘をされた。これは私に大変大きな影響を与えたのです。ちょうど先ほど紹介したように、ドイツにおける過失交通事犯の紹介をする機会が外から与えられた時期だったのです。

先に述べたように、学会報告をした当時は「信頼の原則」はドイツでは採用できても日本では採用できないという考え方を発表した。そして現実に、学会報告から三年たった昭和三七年（一九六二年）に二年間ドイツへ行き、中古のフォルクスワーゲンを買って西ドイツを走り回っている間に、信頼の原則の採用は時期尚早だという私の考え、発表した見解は間違っていなかったと確信した。つまりドイツでは交通規則が非常によく守られている。また交通秩序も非常にはっきりしていて、とくに優先・非優先が非常にはっきりしている。その上道路設備もしっかりしている、道路標識も非常に完備している。そういう状況があるので、「信頼の原則」が適用になりうる基盤がドイツにはあるなということを確認した。これに反して日本はまだまだそこまで行ってない。だから私の考えは正しかった、そう思ったのです。

ところが、二年間の留学を終えて帰国してみて非常に驚いたのは、たとえば往く時には、当時は成田空港がありませんから羽田から出発したのですけれども、大田区の雑然とした細い道を行くような状況であったのが、帰国した昭和三九年（一九六四年）には何と高速道路ができていて、羽田から新宿まで高速道路で走れるという状況になっていた。そして、そのほかの道路環境も格段に変わっていたのです。どうしてそうなったのかと申しますと、ちょうど私の帰国した年の秋にオリンピックが東京で開催されますから、いろいろなものを国際化しようということで、道路交通法の改正もあったし、道路標識なんか、それまでは日本流の道路標識だったのが国際的な道路標識に統合されたし、設置場所にも国際的な基準が適用されるようになった。それから、横断歩道であるとか、ガードレール、当時としては今に比べてまだまだ不十分だけれども、ガードレールなんかが設けられて、歩行者が突然飛び出してくる可能性がだんだん少なくなってきたのです。そのようにこの二年間の変化は大変大きいということを感じながら私が考えたのが、「信頼の原則」という視点で見てみると、とにかく他の交通関与者が適切な行動を取るであろうと信頼するのが相当な場合というのが増えてきたと言える。その増えてきた限度において「信頼の原則」を適用できる環境の変化があったと、こう判断すべきだということだったのですね。そこで私は、その帰った翌年になりますかね。

井田　昭和三九年（一九六四年）に帰られて、昭和四一年（一九六六年）、ジュリストに判例研究をお書きになっていますね。

西原　そうだとすると帰国の二年後ですね。帰って二年後に『ジュリスト』に「判例に表れた信頼の原則」という判例総合研究を載せた。

もちろん当時、「信頼の原則」なんていうのは裁判所も認めていないし、知らない人が多かったのですけれども、もし「信頼の原則」が日本に適用になるとすれば、それを実質的に適用したと思われるような無罪判決を選び出して、既に実質的に「信頼の原則」を採ったといえるような判例がこれだけ蓄積されているよということを明らかにする論文を書いたのですね。昭和四一年。

それはどういう趣旨でしたことかといいますと、今では若い方々にはもう見当がつかないことなのですけれども、裁判所の過失認定っていうのは、戦前からの伝統だと非常に厳しいのですよ。とにかく被害が起こったらいつでも加害者が悪いというふうな考え方なのですから。自動車というのは一種の凶器でしょう。だから、凶器を扱う者は事故を起こしたら、よほど特殊な事情でもなければ過失があるのだというのが一般的な、伝統的な考え方で、これに従う裁判官が多いというか、普通だったのですね。

そこで、先ほど申したようにだんだんと交通環境が変わって「信頼の原則」を適用してもいいような事例でも、やっぱり加害者が責任を負うべきだということで有罪にする裁判官と、それから考えの進んだ裁判官がいて、そういう場合はもう無罪だよと、つまり過失なしとすべきだという裁判官とがいて、全国の過失認定にアンバランスが生じていたと私は考えた。だからこそ、それを「信頼の原則」という観点で統一しようということで論文を書いたのです。そしたら、その同じ年に、最高裁判所がまさにそういう観点、つまり新しい状況の、環境の変化に応じた過失認定をすべきであるということを明らかにするために、あえて「信頼の原則」を正面から採り入れた判例を出した（最判昭和四一・一二・二〇刑集二〇巻一〇号一二一二頁）、こういうことがあったのですね。

私は当時、調査官のところへ聞きに行ったところ、私の論文は基礎にはしていなかったのです。知ってはいたけれども基礎にはしていなかった。けれども、やっぱり私と同じく、裁判所で過失認定の統一が必要であると。統一の原理としては「信頼の原則」が使えると、こういうことで、あえて打ち出したのだと、このように調査官は言っていらっしゃいました。

ところが、世の中の人はもちろん、法律家の方々でも信頼の原則など大部分はご存知ない。しかし、最高裁判所が認めたのですから、その認定基準は、判検事弁護士、それに過失認定の最初の捜査段階を担当する警察官にとっても大変問題になるわけです。弁護士は大喜びですね。無罪を勝ち取る大きな武器を得たわけですから。これに対して、警察官、検察官は不満でしょうがない。そういうようなことで、両方の立場から「信頼の原則」というのは何なのだ、どういう原則なのだということに関心が急に起こった。その結果、「信頼の原則」を解説したのは私だけではないのだけれども、最初に紹介した人ということで私がいろいろなところで大変もてはやされるようになったのですね。そこで、それまで苦労して集めたドイツの判例、日本の判例を整理したものを中心とした本を書いて、昭和四四年（一九六九年）、何と大学紛争真っ盛りの時期に『交通事故と信頼の原則』という本を成文堂から出していただいたということがあった。この本は大変売れたのです。そういう時期がしばらくありました。

2　多忙時の研究活動のコツ

西原　ちょっと脇道にそれますが、今でも役職をされる方で、大変忙しくて学会活動ができない、研究活動ができないと悩んでいらっしゃる方が多いと思うのです。私もかつてそうだったし、現に総長時代はさすがにとても研究に取り組むいとまはなくなった。ところが、その前の学部長時代、あるいはさらにその前の教務主任時代は必ずしも筆を断ってないですね。そういう時だからこそ本が書けていた時があった。

どういう方法か。これは、私が体験したようなひどい事態は今後日本では起こらないかもしれませんが、応用が利くと思うのでご紹介申し上げますと、とにかく夏休みと冬休みを活用するということが大事なのです。夏休みと冬休み。忙しくて普段は一行も筆を執れない。欲求不満がたまっている。その欲求不満を爆発させる一定の時期を計画的に確保することが大事なのです。たとえば夏休みが何月何日から何月何日まであるというときに、ある期間、たとえば二〇日間ぐらい絶対に他の用事は入れないようにする。半年かかって入れないようにして、そして、できうべくんば出版社にその費用を持っていただいて山にこもってしまうのですね。その代わり、こもったからには一日最低二〇〇字詰め原稿用紙三〇枚か四〇枚。今でも私、書けますよ。今はパソコンですから、一日八万字は書ける。そういうことでないと費用を出していただく出版社に申し訳ない。そのためには準備が必要で、何を書くということを決めて、そのための文献はもう何か月もかけて準備をして。その文献は段ボールの箱、一箱、二箱、車に積んでホテルに入って朝から晩まで書く。朝から晩まで続けて書く必要はないのですよ。夏は涼しいところ、たとえば松本の美ヶ原とか、赤倉とか、そういう涼しいところのホテル。それから冬はスキー場。スキー場の近くのホテルを取って、それで朝からダーッと書くでしょう。そうすると、朝九時から一二時まで三時間たっぷり書いて、それで昼ご飯食べて、スキーを担いでスキー場に行く。一人で行っているから二時間もすれば、もう毎日ですから、十分になっちゃうわけでしょう。

そうすると、考えてごらんなさい。二時から四時まで思う存分滑って帰ってきて、みんながスキー場から帰らない前に、まだきれいな風呂へゆっくり入っても、まだ晩ご飯まで一時間ある。そのようにして晩ご飯を挟んで夜中までずっと書く。そうやってやれば、文献を調べる時間をとっても、必ず三〇枚、四〇枚書けるのですよ。そうすると、考えてごらんなさい。一〇日間で三〇〇枚から四〇〇枚ですね。二〇日間で六〇〇枚から八〇〇枚でしょう。小さな本だと一夏、一冬で書き上げられるのですね。大きい本だと二夏、二冬で一冊の本が絶対書ける。そういうことでやってきた。

『交通事故と信頼の原則』

『交通事故と信頼の原則』は昭和四四年、大学紛争の最も盛んな年だった。東大の安田講堂事件が昭和四四年一月で、東大はあれが山だったのだけども、全国的にいうとその年の六月の大学立法が山だった。ちょうどその四四年を頂点として四三年から四五年まで二年間、前に述べたように私は法学部の学生担当教務主任だったのですね。

まさに革命が起こるのではないかと思うぐらいの

大学の騒乱の真っただ中で、それこそ命がけの大変な毎日を送っていたのですけれども、何とその大学立法反対ということで六月に校舎が過激派学生に占拠されちゃったのです。学部長室も教務主任室も事務所も占拠されちゃった。もちろん、その時に機動隊を動員して解除することもできなくはないけれども、すぐ夏休みに入っちゃうわけでしょう。だから機動隊を導入して排除するのは授業を再開する九月にしようということになった。そうすると七月、八月が突然そっくりそのまま空いちゃったのです。

井田　当時、大学は占拠されたままだったのですか。

西原　占拠されたままです。占拠されたまま学生も先生も夏休みになっちゃった。そこで、私は信頼の原則についてはそれまでにかなりの蓄積がありましたから、その最後の部分を二〇日間で書き上げて、その年の一一月に出版している。まさに私の人生の中で最も激烈な大学紛争真っ盛りの時期にその対応の役職をやりながら、この本が書けた理由というのはそこにあるのですね。

とにかく、研究者にとっても、普通だと論文を書くのはつらいのです。しかし書けないとなるとそれが欲求不満になるのですね、どこかで。とくに当時は欲求不満がマグマのように爆発寸前までふくれ上がっていた。それで、その欲求不満を爆発させられる条件ができたら、それこそ朝から晩まで書いても書いても、もう嬉しくてしょうがない。だから、これができたということをここでちょっとご紹介しておきます。

高橋　御著書の校正段階で、齊藤先生がお亡くなりになったのですね。

佐伯　御著書の「はしがき」にそうお書きになっておられますね。

西原　そうそう。亡くなってしまわれた。昭和四四年（一九六九年）というのは偶然、私の本厄の年なのですよ。早稲田における大学紛争の最盛期の三年間が、ちょうど私の前厄、本厄、後厄にすっぽりあてはまるのです。それかあらぬか、私の場合、個人的な障害は厄年だけど生じなかったのです。そういう形で厄を落としたのかもしれませんね。偶然。この年に齊藤先生も亡くなった。他方その時にこういう成果も生まれている。だから、不幸を幸せに転ずるのも天のお指図という例になるのかもしれません。

井田　これが出来上がって、本を手にした時は嬉しかったですか。

西原　それは嬉しかったですね。これはね。いってみれば時代の寵児みたいなものでしょう。しかも、私の今までとまったく違う性格の作品だから非常に嬉しかったし、私は成文堂に大変感謝しています。

井田　専門的な研究書ですのに、何と八刷まで行っているのですね。

高橋　それは前代未聞のことだと思います。

3　過失構造論

西原　ちょっと脱線が長くなりすぎましたけれども、過失犯論についてはもうちょっと付け加えておきたいことがあるのです。さきほどお話ししたように、社会生活の変化につれて過失構造論に変化が現われ、井上さんの考え方、つまり責任要素としての過失というより、落ち度のある態度という違法行為として過失犯を考えるべきだという考え方が、大変影響力を持つようになった。その代表的なのが藤木英雄さんの見解でした。藤木さんというのは天才的な研究者ですから、その頃水俣病とか、イタイイタイ病とか、いわゆる環境汚染の三大公害事件が起こっていた、その刑事責任の問題に率先取り組んだのです。とくに水俣病に対する会社の刑事責任の問題に取り組んだのです。

藤木さんは非常に鋭敏な、先進的な人ですから、危惧感説というところまで行っちゃった。予見可能性の認定については、起こるのではないかという危惧感があれば予見可能性ありと認定すべきだという、いわゆる「危惧感説」を創唱したのです。世の中ではこれを「新・新過失論」と呼ぶようになったのですが、実はこれは私の命名なのですよ。

高橋　初めてお聞きしました。

西原　どうしてかというと、井上さんのような落ち度のある態度を中心に考えるべきだという見解は以前の伝統的な過失論との対比において「新過失論」といわれていた。藤木さんも私もその中に入っているのですね。ところが、藤木さんがそこからさらに飛び抜けて危惧感説まで行ってしまうと、私はもうついていけないのですね。ところが、藤木さんの見解も「新過失論」だから私も同じような批判を受けるといかんというので、藤木さんの見解は「新過失論の中の新過失論だ」という趣旨で「新・新過失論」と呼んだ。そのように私が命名したのが割と使われるようになったのですね。とくに板倉宏さんがその用語を使って学説を整理したので定着するようになったと思われます。

そういうこともありましたが、その後、この理論はたとえば「許された危険」という考え方として表われるようにもなった。元来危険を含むけれども社会的な有用性からして一般的に許容される行動類型があるという考え方です。その後、一種の分業から成り立つような組織的行動についての過失認定が監督責任との関係で詳細に分析されるようになってきたことは先ほどもちょっと紹介したとおりです。こういうことで、私も監督責任については一つ論文を書きましたが、その後、忙しくなってそのままになっちゃいましたけれども、そういう方向で現在も議論が展開中だといえるようですね。

高橋　過失犯論については、現在もさらに議論が活性化しています。

西原　戦前の教科書を見てみてください。「故意」については一〇頁以上使っていても、「過失」については一、二頁ぐらいしかない。今の教科書とまるきり違うのですね。これは戦後社会構造が複雑化したことの表われと言うほかはない。そういうことで過失犯が現代社会の中で大変大きな意義を持つようになって、それの初期に私もいささか関与した、こういうことになるのでしょうね。

4　「信頼の原則」が判例に与えた影響

井田　学説が判例に影響を与えることはしばしばあるとは思うのですが、一人の学説の主張が最高裁の判断にダイレクトに影響を与えて、その後の新たな一連の判断の流れを生み出す、ということは滅多にあることではない。先生の信頼の原則の主張が最高裁に採用されたことは、おそらく戦後の刑法の分野では、空前絶後のハイライトという感じがします。しかもそれは過失犯の成立範囲を限定して、被告人を無罪にする方向での展開であったわけです。一学説が、国家刑罰権の限界づけに直接に役立ったという意味では、後にも先にもないぐらいの出来事であったと思うのですね。

西原　そうかしらね。

高橋　先生の『交通事故と信頼の原則』の「あとがき」に書いてあることが非常に面白いですよね。横井大三検事に先生が、検察官にとっては「被害甚大ですね」と言ったところ、横井検事が「いや、影響力甚大である」と言われた。

井田　ただ、その後の過失処罰の現状を考えると、どうしても被害者に目が向けられるようになっていまして、信頼したから過失を否定するという論理自体、非常に通りにくくなっているということがあります。また、企業災害の場合に、仕事仲間を信頼してまかせるというのではなく、それぞれがきちっとやることをやり、ダブルチェック、トリプルチェックで事故防止の万全をはからなければならない。人を信頼して、自分はやらないで手を抜くということは認めてはいけない。数人いれば、数人共それぞれに同一方向の義務を課して、人を信頼させずに、むしろ不信の上でやっていくべきだ。……社会一般の考え方は、むしろこういう方向に行っていますし、過失犯論もその影響を受けているように思われます。

西原　そうですね。私もそれはその通りだと思います。「信頼の原則」というのはいささか単純なのですね。ある意味でいうと単純過ぎるという気もするのです。でも私は、信頼の原則の理論がもともと欠缺商品だったとは決して思わない。あの理論はあの時期に絶対必要だったのですよ。あれがなければ判例の統一ができなかったのですから。そのための理論提供であったということで、一石は確実に投じた。しかも少なくとも予見可能性とか結果回避可能性の認定の中に加害者と被害者との関係を考えなきゃいけないという思考経路を定着させる必要があり、それを定着させたことで役割を演じ終わったと言っていいのだと思うのです。だから、今要らない理論だからもともと欠陥商品だったとは言われたくないのですね。あの当時は絶対に必要だった。そういう一時的な役割を演ずる理論だったということでいいのだと、私はこう考えているのです。

高橋　最近の過失の競合論などを見てみると、やっぱり「信頼の原則」をまた新たに再構成することが必要なのかなという気がします。そうしないと、みんな処罰になっちゃいますからね。

井田　そうですね。過失処罰にブレーキがかからなくなり、結果責任主義になってしまう。最近、信頼の原則を認めて無罪にした判例・裁判例はないのではないですか。弁護人側が主張しても、裁判所の方は「信頼の原則」の適用を否定してばっかりですよね。

佐伯　今のお話は具体的な状況の下で正義を追求するという西原先生のお考えがすごくよく出ているお話だなと感銘深く伺いました。

西原　最近、福知山の花火のやけどの事件があったでしょう。あれについて直接責任があるのは、おそらく管理不十分でボンベを爆発させてしまったボンベの管理者と、それから爆発の前に火事が起こっているのですね。三軒目の店で。火事が起こって、それが引火して爆発しちゃったのです。したがって、ボンベの管理者と出火者の二人について、あるいは二つの業者について責任があることははっきりしている。ところが問題になったのは実行委員会なのです。商工会議所の副会頭が実行委員長をやっている。それで、記者から責任があるのかって問われたときに「最終的な責任はわれわれにある」と答えた。ところが、刑事責任という立場からすると、あれは実行委員会まで行かないでしょうね。どう思う？

佐伯　ちょっと詳しい事案がよくわからないので、何ともいえませんが。

西原　つまり、そうすると、なぜないのかということの中に、やっぱり業者なのだから信頼して相当だというのが陰にはあるのではないのかしらね。

高橋　そうしないと企画した人がみんな処罰されてしまいますよね。

西原　企画したのは実行委員会。実行委員会が企画した。だけども毎年やっているのでしょう。ずっと毎年。でも毎年事故はなかったのでしょう。

高橋　やっぱり「信頼の原則」ですよね。

西原　だから、形式的な責任、道義的な責任は実行委員会にあるかもしれないけれども、刑事責任は、私はおそらく問えないのではないかと思うけどね。どうかしら。今の感覚からすると。

高橋　そう思います。

西原　なぜだと思う?

高橋　やっぱり「信頼の原則」が適用されるからだと思います。

佐伯　そうですね。

西原　予見可能性?

高橋　予見可能性というと、何かあるっていえばあるっていう話ですから。

西原　予見可能性というのは、判断基準としては包括的過ぎるのですよ。あるともいえるし、ないともいえるのですよね。たとえば皆さん自動車運転している？　自転車が走っているでしょう。車道の端っこを走っている自転車が突然倒れたら、それを轢いちゃう可能性というのは、実は自動車運転者はいつでも考えているのです。だけど、私は一九六二年に免許取ってから五〇年、そういう事例に出くわしたこと一度もないのですね。だけど、観念的には倒れてくることも考えながら走っているのです。それで突然本当に倒れてきて、それを轢いちゃったという場合に予見可能性があるかといえば、普段そうやって考えているのだから、あるということになってしまうのですね。それでいいの。

井田　いや、よくないです。

西原　だから、やっぱり社会生活の実態の中で特段にふらふらしている、たとえば重い荷物を積んで、なんかふらふらしているということが普通の運転者からすれば認識できたにもかかわらず注意しなかったとか、あるいは認識していたにもかかわらず大丈夫だと思ったということがあった場合に、特段の事情があった場合に予見可能性が問われるということがあるけれども、普通、こうやって走っているのを見たときに突然倒れてくることはないということでいいのではないかなというふうに私は思うのだけどね。だけど、その辺が予見可能性という基準だけでは有罪のほうに行く。

高橋　結果回避義務に影響させたほうがいいのではないですかね。最近の判例は、「信頼の原則」

の適用にかえて「結果回避可能性」の問題とする傾向にあります。

西原　ああ、直前だから無理だと。

高橋　はい、予見可能性はあるということで。

西原　交通事故の場合はそういう処理ができるけれども、さきほどのボンベ爆発事故に対しては実行委員会の刑事責任の否定については、結果回避の問題の前段階として、やはり予見可能性を問題にせざるをえないのではないですか？

井田　先生が提示された「信頼の原則」は、判例実務に大きな影響を与えたのはもちろんでしょうが、その後、理論の発展にも大きく寄与していると思います。学説は、「信頼の原則」に含まれる実質的な考え方、この原則の基礎にある基本思想を展開・敷衍して、危険の分配、自己答責性、社会的分業等の原理を導いてきて、これにより発生結果の帰属を否定しようとする方向での研究を進めています。先生の学説は、そういう理論の動きのきっかけとなり、現在まで大きな影響を与え続けてきているのですね。この先がどうなっていくか、まだまだ先は見えないということがあるのですけど。

高橋　過失犯論はいまも展開し続けているということですね。

井田　そうですね。この分野での若い世代の人たちの研究は盛んだと思います。

七　教科書・体系書を著す時期

1　研究者としての教科書の位置づけ

高橋　先生の教科書、体系書は、どのような構想、プロセスで執筆されたのかをお聞きしたいと思います。たとえば、先生は、当初講義案という形で執筆され、それが本格的な体系書へと至るわけですが、これからの研究者が教科書を書く際に参考になればと思いますが。

西原　そうですね。とりわけ若い読者に参考になるかもしれないということでお話ししますと、教科書はできたら持つべきだろうと思います。最近はだんだん、つまり活字ではなくて電子化が増えてきたから、本がどうなるかというのは出版社にとっても大変興味のあるところだろうけれども、まだ当分の間、本、活字の時代というのは続くだろうと思うのですね。それで、やはり活字であるところの本を教科書として学生に持たせるっていうのは、先生のためにも学生のためにも必要だと私は思うのですね。

そこで教科書というものを自分の研究者としての生涯の中にどう位置づけるかですが、私の最初の教科書の形は『刑法総論講義案』（成文堂）でした。これは一応正規に発行しているから誰の手にも入るけれども、どっちかというと学生が買うことだけを考えたものですので、宣伝はしなかったし、表紙だってハードではない簡単なものでした。しかも得意な犯罪論から始めて、罪刑法定主義、行為論、違法論を第二分冊として先に出版し、翌年、違法行為の態様、責任論、刑罰論を第三分冊として発行したあと、残りを補充して合本にしたのが昭和四三年（一九六八年）でした。最初の第二分冊を出版した時期が昭和四〇年（一九六五年）。ドイツの留学から帰った翌年に当たるわけですね。つまりドイツ留学から帰った頃からそれを考えていたことを意味します。

考えてみると、私が大学院に入って刑法の研究を始めたのが昭和二六年（一九五一年）。二年後昭和二八年から六年間助手を勤めたあと専任講師になった、つまり教壇に立ったのが昭和三四年（一九五九年）ですね。したがって、研究を始めてから一五年たち、教員になってから五〜六年たったという時期だったわけですね。年齢でいうと、二三歳、三一歳、三七歳になります。

高橋　それは早いですね。

西原　しかも昭和三七年に助教授になって、最初は刑法各論を担当したのですが、ドイツから帰国すると、刑法総論の大きい講義を持つ時期が迫ってきたという時期だったのですね。実際昭和四一年からそれを持つようになったのです。

『刑法総論講義案』

さらにそのころ、自分の刑法理論についてある方向性が自負できるようになったということがあります。その柱は、さっきも説明したように、構成要件の形式的な型は重んずるけれども、それは違法行為の類型として把握し、その中で違法性の実質を、もちろん裁判官の恣意的な判断を排除しながら違法性の実質を追求していこうという考え方がはっきりしてきて、それがいろいろな個別問題で通説と必ずしも同じにならない根本的理由だということがわかってきた。その具体例が、間接正犯や「原因において自由な行為」の実行の着手時期のところに表れるし、また共謀共同正犯というところにも表れている。ある方向性ができてきた、それを体系的に明らかにしたいという欲求がそのころ湧き起ってきたのです。そこで、ドイツ留学から帰ったころから教科書を作ろうと、こんなふうに考えるようになった。

幸い成文堂という出版社が、元は出版社ではなくて本屋さんだったのですけれども、学生時代から大変親しく出入りをして、しかも今の社長の兄にあたる先代の社長がそのころまだ若くて、その社長と大変親しくしていた。そういうこともあって、私がお願いするとすぐ印刷を引き受けてくださるという有利さが働いたものですから、まず『刑法総論講義案』という形で割と自由に書いたというところから出発したのです。

これは一つの、皆さん若い方の教科書作りの一つのモデルになると思うので申し上げますが、最初から固い表紙の大きい本を出版しようとするとなかなかできない。やっぱり徹底的に批判されるのは嫌ですから。したがって、その前に比較的自由でいろいろ書き換えられる講義案から出発するというのが、私としては教科書作りの早道だと思うのですね。

さらに私の場合、それと『刑法総論』の教科書との間にもう一つ中間的な形があった。それは成文堂から同じく『刑法総論』という名前の本を出したのですけれども、これは完全な体系書ではない。そうではなくて刑法総論の中の主要問題三〇について、だから網羅していないのですね。主要問題三〇について自分の見解を述べる、そういう機会を与えられた。これは成文堂が『法学基本問題双書』という双書を企画し、単に刑法ではなくて法学のすべての分野について、しかも早稲田大学の先生に限ったところから生まれたものなのですね。昭和四三年（一九六八年）のことでした。

高橋　学部時代、先生の講義案と基本問題双書で勉強しました。

西原　それぞれの分野の主要問題について自分の見解を展開していいとなると、これは執筆者にとっては書きやすいのですよ。というのは、若いときには得意のところと不得意のところが必ずあるものですからね。だから、不得意のところまでやらなきゃいけないとなると大変おっくうになるけれども、得意のところだけ書きなさいというと書きやすいということがあるし、また自分の特色を世の中に打ち出したいという欲求にも応えられるわけです。私はそういう性格を持った『法学基本問題双書』というのは非常に有益だったと思う。

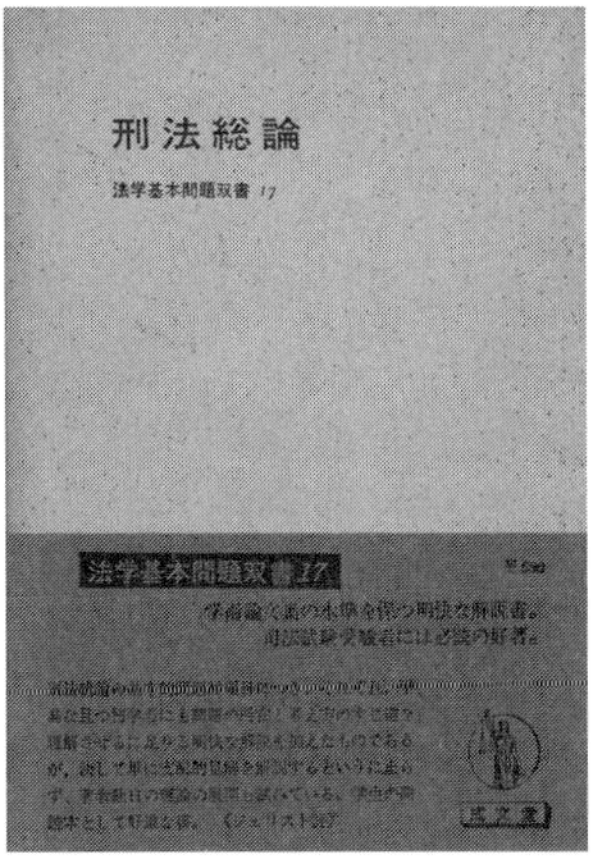

『法学基本問題双書 刑法総論』

慶応の宮澤浩一さんが成文堂に寄られてこの企画書を手にしたとき、「これは大変いい企画だ、だけどこれは二世紀にわたる大事業ですな」と皮肉たっぷり語られた。早稲田の教授だけに限ったところを皮肉ったのですね。これは全部出来上がったの。

高橋　いや、六〜七冊刊行され未完のままです。

西原　まだ二一世紀になっても完成してないね。宮澤さんというのは実に直感が鋭いし、ずばりものを言う人でした。

しかしこれが学界的にも非常に意義があったのは、たとえば中山研一さんがこの本を見て大変刺激を受けたのです。中山さんは形式主義のいわば代表的な論者で、私は実質主義の代表的な論者ですから、彼としてはこれに対抗する、同種の形式の本を書きたいということで、やっぱり成文堂から本を出したのですよね。

井田　『刑法総論の基本問題』（一九七四年、成文堂）ですね。

西原　『刑法総論の基本問題』という、「中山刑法」を非常に鮮やかに表現した、いい本ができたのは、やっぱりこれがあったからだと思うのですね。

いずれにせよこの本が中間にあったので、その後『刑法総論』という正式の教科書を作るのが比較的容易だったという経緯がありました。昭和五二年（一九七七年）のことでした。しかし、残念ながら『刑法総論』はその後いろいろと改訂しなければならないことがあったので、訂正準備版みたいなものを作ったのですが、そこで私の刑法学研究が終わっちゃって、そのままになってしまった。これはわれながら大変遺憾であると思うし、恥ずかしく思うし、成文堂には申し訳ないと謝るほかはない。

2　『刑法総論』と『犯罪各論』

井田　私がちょうど学部を卒業するころにこの本が出たのですけれども、やっぱり非常に新鮮な教科書だったですね。

高橋　体系書ですね。

井田　そうです、『刑法総論』のほうです。何が新鮮だったかというと、まずは日本語の美しさです。普通の教科書のように、読むのが苦痛となるような本ではなく、日本語の流麗さゆえに読むことに喜びを感じられるような教科書でした。それからもう一つは、学説が単に羅列されているのではなく、どの学説が採られるべきか、選択の理由が利益衡量の上できちんと書かれているのですね。最終的な結論に至るまでのその理由がすべて筋道としてきちんと書かれている。たとえば、不能犯に関し以前は抽象的危険説だったのだが、悩んだ末に最終的に具体的危険説に落ち着いたことが、改説の本質的な理由とともに述べられているのです。刑法的な思考を学ぶという点でも、とくに小さい活字の部分がとても勉強になりました。団藤先生、平野先生の教科書を読んできて、どう考えればいいか分からなくなって頭が混乱していたときに、先生の本を読んで非常に考え方が整理されたということがありましたね。

高橋　私は博士課程一年生の時なのですよね。基本問題双書から、体系書まで時間がかかったのは単にお忙しかったというだけでしょうか。

西原　そうですね。

高橋　『基本問題双書』から九年経っています。

井田　そうですね。

佐伯　学部長になりになったのが昭和四七年ですね。

西原　教務主任として昭和四五年（一九七〇年）まで大学紛争で忙しかったし、「信頼の原則」で忙しかったということがあります。その後、法学部長が昭和四七年（一九七二年）から四年間、昭和五一年（一九七六年）まで。しかも当時の法学部長って今の法学部長みたいに楽ではないのですよ。大学紛争の後遺症がまだまだ残っていたのです。とくに早稲田の場合はひどい後遺症が残っていて、学部長就任直後に「川口事件」という学生のリンチ殺人事件が学内で起こった。それがセクト同士の争いに発展し、教授会を巻き込んだ大混乱を誘発したものですから、約一年間は非常に時間とエネルギーを取られたということがあったのですね。

ただ、先ほど申したように時間の使い方をうまく、つまり休暇の時間をうまく活用することによって、『交通事故と信頼の原則』に続いて、『犯罪各論』と『刑法の根底にあるもの』、この二点については次の章で詳細にお話しますが、この書がその時代に、しかも大学紛争の産物としてできているのですね。やはり大学紛争およびその余波にかなり時間を取られて、大事な体系書を書く条件が整わなかったということだろうと思うのですね。

高橋　『犯罪各論』のほうが『刑法総論』より先に刊行されたわけですね。

西原　『犯罪各論』が先なのですね。

高橋　はい。この御著書も時間が結構かかったと思いますが。

西原　かかった。あれはものすごく大変だったですね。しかし二冬、二夏で書いた。あの本は家では書いていないのですよ。全部旅館にこもって書いた。筑摩書房にはそういう例がたくさんあるらしくって、宿泊費を全部出してくれたのです。だから夏は赤倉、冬は苗場で書きました。

藤木さんが亡くなって、藤木さんのお子さん二人をこれは私負担でスキーに呼んで、スキーを教えたというようなこともあった。奥さんから大変感謝されました。つまり、「私が女手ではできないことをやっていただいた」と言って非常に感謝された。それは苗場にこもっている時だった。

うちの家族は呼ばないので、考えてみると、家内に悪いことしたなと思うのですね。夏休み、私だけで涼しいところへ行って、子どもと女房を残して行くわけですからね。

井田　そんなこと、うちだったらただではすまない（笑）。

西原　だけど、そうやったからこそ本が書けたのですよね。だから、そういうことで関心が総論の体系書へ向いていなかったということでしょうね。『刑法総論』ができたのが昭和五二年（一九七七年）です。

西原　ちょうど慶応に井田さんを教えに行ったころですね。

井田　ええ、そうです。

西原　それで、とにかく昭和五四年（一九七九年）の三月に半年ドイツへ行っている。これ、本当は一年間、フンボルト財団からお金を出してくれるということで、一年間行く予定が教授会で決まっていたのですよ。それで、それなりに準備していたら、その前の年の夏に私の前の総長の清水司先生が総長に当選して、一一月の就任時に理事になってくれと言って依頼があった。しかし断ったのです。来年度は一年間、お金もちゃんと出る予定になっている、これは私の研究者としての生涯計画の中で大変大事な時期なので「駄目だ」と言ってお断わりした。そうしたら、どうしてもも理事になってもらいたかったらしくて、半年で手を打たないかと言ってきた。しかも新たに設ける国際交流担当理事になっていただくことにすれば、海外にいても、つまり国内にいなくても理事になることの了承がほかの人たちから得やすいだろうと。国際交流をやるのだから海外にいていい、ただし半年にするということで手を打たないかということで。そこまで考えて下さったのなら、ということで、やむなく了承をして、昭和五四年（一九七九年）の三月から理事のまま半年ドイツへ行った。そこまではまあよかったのですが、それがその後の人生を決定してしまったのです。一〇月に帰ってきて四か月経った翌年二月に例の入試不正事件が起こったのです。職員が入試問題を盗み出したという盗難事件だし、警察との対応もあるからというので、刑事法が専門の私が事件の処理を担当することになった。処理が一段落した四月に二人の常任理事が退職され、後釜として私が常任理事にさせられて、もう全然忙しくなっちゃった。後から思えば、この年が学問から離れざるをえなくなる年だったわけですね。そういうことになるわけだ。だから井田さんが修士の学生だった時期に三田に教えに行ったのだけれども、それはドイツに出発する前の年にあたるわけですから、それっきり慶応には教えに行けなくなった。井田さんは私の慶応における最後の教え子。

井田　最後の教え子ですね。

佐伯　奇跡的な出会いですね。

井田　一つお聞きしたいのですけど、先生の教科書を、亡くなられたチョン先生があるところでイェシェックの教科書を思わせるような、体系的に整然とした行き届いた教科書だとお書きになっています。私も、ちょうど同じ印象をもっているのですが、イェシェックの教科書をある程度参考にされたところはありますか。

西原　いやそれはないですね。教科書については、先輩方のものが参考の材料になりましたが、特定のモデルはありませんでした。私にとって初めての正規の刑法教科書になったわけですが、その外形的な特色は、活字を三段階にしたところにあると言えそうですね。普通ですと、一〇・八ポイントの本文と、九ポイントの注だけですが、私はその中間に八ポイントの部分を入れた。そういう方法で、なぜそういう理論構成や結論になるのかの根拠と背景が思う存分説けたのです。それを本文に書きこむとくどすぎる。だから本文は一〇・八ポイントで書いて、なぜその説をとるかの理由や背景については、もちろん重要なところとか自説に特色があるところに限るわけですが、八ポイントに下げて詳細に説明しようとした。これは教科書の一つの型と言ってよいのではないでしょうか。

井田　私は、よく覚えているのですが、慶応での修士課程の授業で、一番最初の時間に教科書をお持ちになってわれわれに何とおっしゃったか。教科書を見るときにどこを見れば著者の刑法思想の本質的部分がわかるかといえば、それは二か所であり、一つは不能犯のところ、つまり未遂犯の処罰根拠の箇所であり、もう一つは量刑のところを見ると著者の刑罰についての基本的な考え方が分かる。つまり、不能犯と量刑の二つを見れば著者の基本思想がわかると。ああ、なるほどと思いました。先生、覚えていらっしゃいますか。

西原　忘れちゃった。

井田　私は、今でも慶応の学生にその話をしているのです。

高橋　それでは、時間がまいりましたので、本日はこれで終わりたいと思います。

全員　ありがとうございました。

第三章　異常な時期における特殊な関心

一　大学紛争最盛期に書いた『交通事故と信頼の原則』

1　終戦による社会の大変化

高橋　日本の激動期、まさに大学紛争の真っただ中で先生は最前線にいらしたわけですが、その辺りの社会の状況とご自身の刑法学の展開との関係をお話しいただければと思います。

西原　第一章、第二章では戦後の刑法学と私との関係、あまり時代的背景なしに淡々と話が進みましたが、実は当時、今の若い方々にはまるきり想像もつかないような非常に激しい混乱した時期が続いていたのですね。

日本の近代史を大きく見ると、やはり明治維新が一番大きな転換点だったと言える。これはもう誰もが認めるところですが、明治維新からその後の日本の歴史が生まれてきたと考えるべきだと思うのです。たとえば日本は先進国に植民地化されるのを防ぐために幕藩体制を終らせ、天皇中心の中央集権国家をつくり、一生懸命になって先進国の国家制度や裁判制度などを取り入れて、それに成功したから一応植民地化は免れた。ところが、免れた途端に日本はかつて先進国が進めた、いわば植民地主義を自分のものとして実行しようとして周辺の国々と大変なあつれきを起こした。その最初は日清戦争であり、日露戦争であり、ひいては日中戦争、太平洋戦争なのです。

私は日本の当時の侵略の時期っていうのは、元来明治維新の中に含まれていたような気がするのですね。植民地化を免れるために学んだ西欧の国家理念の中に、当時は植民地主義を内容とする帝国主義が当然のものとして入っていたのですから。したがって、日本の戦前の行動はある程度法則的だったと思うのです。大変不幸なことであるけども、そういうような気がしてならない。

したがって、その戦争に負けた一九四五年、昭和二〇年八月一五日というのは明治維新に匹敵する大きな変化だったと言わざるをえない。そのことについては若い人々も含めて誰もが知っているし、現に私どもはその延長線上の体制の中で生活しているのです。ところが、その後、日本がどういうように変わっていったのかという点になると、私は現実の生活の中で体験したことなのだけれども、今の若い人から見ると一つの歴史の中に入ってしまっている。

最近、平成三二年（二〇二〇年）のオリンピック東京開催が決まったということから、昭和三九年（一九六四年）の東京オリンピック、それがどういう時代的背景のもとに行われたかというようなことが再び報道されるようになった。ところがその報道と、私どもの世代の人間が自ら体験したものとの間には、広い開きがあるような気がするのですね。

2　大学紛争の時代

西原　私が大学の教員として、研究者として、一番強い刺激というか影響を受けたのがいわゆる大学紛争といわれる出来事だったのです。それは広い意味では終戦直後からの反体制運動の延長線上とみられるけれども、狭い意味では昭和四〇年（一九六五年）の慶応義塾大学の学費値上げに対する反対運動から表に出てきて、翌四一年に早稲田大学で起こった学費値上げ反対闘争、これが学生会館の管理運営権をめぐる闘争と一体化して学費・学館闘争と呼ばれたのですけれど、学生のストライキが続いて六か月間授業が行われなかった。入学試験は機動隊に守られてやっと実施できたというようなきわめて異例な激しい運動が始まりました。

東京大学では、附属病院の封建的な医局体制に対する反対運動が全学に拡がり、全国的なセクト運動と連動するようになって、昭和四四年（一九六九年）一月、安田講堂事件といわれる有名な事件に集約された。安田講堂が過激派の学生によって占拠されて、それを警察力でもって排除する大きな出来事が起こり、入学試験までが中止されるという異常事態に発展した。そういう個別大学の運動が、広くはフランスやドイツの反体制運動、アメリカではベトナム反戦運動などの影響を受けて、全国的な全共闘運動にまでつながった。たとえば昭和四

初期早大紛争
（早稲田大学大学史資料センター所蔵）

三年一〇月二一日の国際反戦デーに、新宿駅周辺で行われた大デモンストレーションに初めて刑法の騒擾罪（現在は騒乱罪）が適用されたというような出来事があったりしているのですね。そういうように、大学紛争と社会的な運動とが合体してきて、昭和四四年の夏だったのです。昭和四四年の六月に、「大学の管理運営に関する臨時措置法」という法律が成立することによって鎮静化しはじめ、その後、各セクトの中でも最も過激な連合赤軍がだんだん追い詰められて、浅間山荘事件を起こし、最終的には群馬県の迦葉山《かしょうざん》という山の中にアジトを作ってお互いに殺し合ったというむごたらしい出来事があって、そのころを境として学生運動はかなり鎮静化したのです。

私の勤務する早稲田大学の場合には、もともと学生運動の盛んなところであっただけに、学生運動も最も激しかった。またその終わりも、ほかの大学が鎮静化した後まで終わらないで長く残ったというようなことがありました。ちょうどそういう大学紛争が最盛期に達した時に、いってみると私が役職適齢期になっていたということがあったのです。これは一つの宿命なのでしょうね。とくに昭和四三年から四五年、まさに大学紛争の最盛期の時期に法学部の学部長の補佐役である学生担当教務主任というのを仰せつかって、本当に明日はどうなるか分からんというような、自分の体も命もどうなるか分からんというような生活を二年間送った。

今から思うとどうしてああいう大学紛争が起こったのか、よく分からないのですよ。たとえば全共闘の学生に「あなたたちは何をしたいんだ」と聞いてみると、「とにかく今の体制を破壊するんだ」、「大学は解体するんだ」と言うのですよ。そこで、それでは、その体制を打倒し、大学を解体した後、どういう体制を作ろうとしているのか、どういう大学を作ろうとしているのかと聞いてみると、答えがないのです。誰も答えない。彼らが言うのは、ただ壊せばいいのだと。そこから必ず新しいものが生まれてくる。多くの人がそういう答えをしていた。それでは社会科学を学問としている私としては、あなたたちを支持するわけにはいかんということで、とにかく学生運動に対しては、これを鎮静化する、あるいはそこから大学を守る、授業を守るというしかやることがなかったというのが事実なのですね。

その大学紛争が、しかし私の教育活動にも研究活動にも大変大きな影響を与えたということがあって、それについて少し皆さんにお話をしたい。

3　大学紛争と研究生活

高橋　大学紛争の中で先生は最前線で私どもの想像もつかないようなご苦労を重ねられたわけですが、私どもにとって不思議なのは、それにもかかわらずどうして御著書を出版できたのかということです。なぜそれが可能だったのでしょうか。

西原　一つの例は、大学紛争が頂点に達した昭和四四年（一九六九年）に『交通事故と信頼の原則』という本を出したけれども、それがどうして可能だったのかですね。

最盛期早大紛争
(早稲田大学大学史資料センター所蔵)

当時の学生担当教務主任の仕事、これはおっしゃるように当事者でないとわからないぐらい苦労が多くて、危険で、忙しいものでした。過激派同士が競い合って大学や学部の役職者を団交に引っ張り出そうと争うというようなことがあったばかりでなく、セクト同士が主導権争いをして法学部校舎に乱入しようとしたり石を投げ合うといったこともしばしばありました。それを仲裁しようとして私が石に当たってけがする可能性も十分ありましたね。そういう、文字どおり暴力が飛び交う中を走り回るような生活が毎日続いていました。

そして、先ほど申した大学立法が六月に制定、施行されることが予定されたので、彼らはその大学立法反対という目標を掲げて、運動を次第に激化させていったのです。その結果、授業も次第にできなくなり、六月になると校舎が彼らに占拠されちゃったのですね。今からはとうてい想像もつきませんよ。たとえば私のいた教務主任室や隣の学部長室、事務所、法学部の教室、みんな占拠されちゃった。もちろんそれが予測されていたから、重要書類はほかのところに疎開させたし、事務所は学内の占拠されない隅のほうの、小屋みたいなところへ移転して細々と業務を行ったというような状況になった。これが六月の段階。それで、そろそろ夏休み、七月ですね。夏休みに入るわけです。

機動隊を入れて占拠を排除することは可能なのです。可能なのですけれど、考えてみると九月の初旬まで、今は九月の末ぐらいまでですが、当時は九月の初旬ぐらいまで夏休みでしょう。そうすると、今機動隊を入れて解放しても同じことの繰り返しになる。それでは九月の学期が始まるころにそうしようということになった。そうしますと、突如として夏休みができちゃったのです。授業をはじめとする大学の業務が一切なくなるのですから、過激派学生の動きもなくなった。一種の休戦状態になっちゃったのですね。学生運動に煩わされない二か月が突如として与えられたわけなのです。

その時に私は感じたのですけれども、私は元来論文を書いたり、文章を書くのはあまり苦にならないほうなのですよ。どっちかというと、ものを書くのは好きなほうなのですが、それでもやっぱり論文を仕上げるってつらいですよね。私の場合、論文執筆の末期になると口内炎ができる。

不思議ですね。あまりつらいと思ってはいないのに、末期になると口内炎ができて、原稿が完成してしばらくたつとそれがスッと治る。やっぱりそれほどの精神的な緊張があるのでしょうね。

そのように確かに論文を書くのはつらいという側面もあったけれども、いざ書けないとなったら欲求不満が募るのですよ。その欲求不満がずっと蓄積されていた時に突如として二か月、自由な時間が与えられた。そこで、第二章で説明したように、「信頼の原則」についてこれまで蓄積した研究成果を中心として一冊の本を書こうと思い立ったのです。それは実は前から計画していたけれども、大学紛争のため実現できないでいたことでした。

当時の手帳を見てみると、執筆開始は七月二七日でした。とにかく積み重なった欲求不満を爆発させるのだから、書いても書いても疲れない。前に申したように一日で最低二〇〇字詰め原稿用紙で三〇枚から四〇枚、書けるのですね。一番多いのは五八枚でした。そして九月二四日には完成原稿を成文堂に渡しているのです。成文堂も頑張ってくれて、初校が出たのが一〇月一四日、たまたま齊藤先生の亡くなる前日一一月二四日には校了になったのです。そして出版は一二月一五日。

この本は、一見すると「大学紛争の真っ盛りであったにもかかわらず」できた本のように見えるし、確かにそうですが、他面、「大学紛争の真っ盛りだからこそ」できた大変珍しい本だとも言えるわけで、このことを皆さんにちょっとご紹介いたしました。

4　大学行政との関わり

井田　一つ質問、よろしいですか。

西原　ええ、どうぞ。

井田　先生は、別に政治家や大学行政担当者になるために学校に残られたわけではなく、もちろん学問をやりたいと思って学校に残られたのでした。行政職へのお誘いといいますか、依頼ですね、これがあったときに断ることもできたはずだと思うのです。

西原　できたのです。

井田　断って研究に邁進することができたし、むしろそちらのほうが自分には合っているはずなのに、どうしてそこで断らずにコミットされていったのか。あるいはどこかで撤退するチャンスがあったのか、なかったのか。そこのところをお教え下さいますか。

西原　これは今でも私、はっきり覚えているのですが、昭和四三年（一九六八年）の学部長選挙が九月の夏休み明けにあったのですね。そしてその直後に新しく選出された学部長から学生担当教務主任をお願いしたいと依頼されたのです。考えてごらんなさい。昭和四〇年代はじめ頃から学内が不穏になり、それが学外にも波及して、当時すでに昭和四三年一〇月には新宿で大デモンストレーションがあり、おそらく騒擾罪が適用されるのではないかとうわさされるような状態になっていた。苦労することは目に見えていたのですね。

　ところがその時の私の心境は、私が適任だとは思わないけれども、誰かがやらなきゃいけない。ここで逃げたら男が廃る、そういう気持ちでした。本当に。そういうところに行き合わせた一人の男の運命なのだ、お天道様のお指図なのだと受け止めてやるしかないと。どうなるか分からないけれど、やるしかない。逃げたら男が廃る、そういう気持ちだったのですね。

　確かに逃げれば逃げられたし、逃げたほうが研究生活はもっとできたかもしれないけれども、私はやはり今から振り返ってみて、あのつらい経験があったからこそ、たとえば常任理事時代の困難を乗り切ることができ、それを乗り切ったからこそ総長を八年間勤め上げることができて、私が強くなっていったと思うのですね。

　この本の最初に述べたように、私は本当はものすごく線の細い文学少年だったのです。本当に。ものすごく線が細い。したがって、誰かが何か言うのを大変気にしたり、人生の哀歓というものをものすごく敏感に感ずるような子どもだったのですね。今から思うと、本当に何が起こっても怖くないというぐらい強くなったのが信じられないくらいです。やっぱりそれは訓練を重ねたというか、何度も修羅場をかいくぐってきた成果だと思うのですね。結果としてそれが私を明らかに成長させた。そのように見ると、男が廃ると思って、とにかく天から与えられた責務を全うしようと考えてした選択は、生き方として間違っていなかったと私は確信しています。

井田　この学生担当教務主任をお引き受けになった時に、将来自分は、学部長、常任理事、総長というような人生を歩んでいくのだろうな、ということは思っていらっしゃいましたか。

西原　それはまったく思っていないです。とにかく今、この大学紛争に際して法学部の授業を守り、大学を守るのが責務だと、こう考えただけなのですね。与えられたお指図だと、こう考えただけなのです。

井田　その後、岐路といいましょうか、このまま行ったら後戻りはできない、でも、ここで決断すれば学問に戻れるなっていう、そういう分かれ道のようなものはなかったのですか。

西原　いや、もちろん学問のことは気になったのですよ。だけれども、大学の先生っていうのは研究と教育の両方をやるわけでしょう。それに、私の恩師の齊藤先生は、「大学の先生に必要なのは研究能力、教授能力、後輩養成能力、学校行政能力である。さらに一つ、貧乏に耐える能力がある」、こういうことを言っておられたのです。一つだけというわけにいかないのが大学の先生なのだということを、齊藤先生がずっと言われていたのが背景になっていたのかもしれませんね。ですから、研究する時間が、論文を書く時間がなくなることによって研究能力が発揮できなくなる可能性があるということは知りつつも、やっぱり大学の先生の一つの責任なのだと、こう考えたのでしょうね。やはりこういうのは一つの宿命、天のお指図なのですよ。天のお指図には歯向かっちゃいけないのですね。

井田　なるほど。

西原　従うほかないのです。それが実はその人を伸ばすゆえんなのだと、こう思うのですね。自らそれを求めてやることはやるべきではないと私は思うのです。そうではなくて、降ってくるのです。降ってきたものは受けざるをえない、これが人のあるべき生き方だと私は思っているのですね。

井田　よく分かりました。

5　多忙期に論文を書く秘訣

高橋　『信頼の原則』はたった二か月間で脱稿されたわけですが、それが可能だったのはこれまでの蓄積があったからなのでしょうね。

西原　そうそう。

高橋　その他の様々な論文や判例評釈などがあり、また雑誌などの頼まれ原稿とか、先生はご執筆されています。

西原　相当書いているでしょう。

井田　著作リストを見ても、そうですね、いろいろと発表されています。

高橋　このようなお仕事の秘訣を教えていただければと思います。つまり日常における研究姿勢といったようなものですが。

西原　これは人によって違うのですよ。たとえば亡くなった中山研一さんは忙しくても、一枚でも一行でも毎日書くという方針だったそうですよ。そう言っていました。ところが私はそれができないのです。それができなくて、まとめてやるという性格なのですね。まとめてやるには時間の配分が必要でしょう。ですから、私にとって時間の配分は非常に大事な戦略なのですね。それで、確かに忙しかったにもかかわらず小さい論文を昭和四三年から四五年にかけて、かなり書いていますよね。

高橋　執筆の前提として、文献や資料を読破する時間が必要となりますが。

西原　そう、読むのです。

高橋　それらも集中して読まれるのですか。

西原　そうそう、結構やっているのですよ。

井田　土日はいかがですか。研究のためにお使いになりましたか。

西原　確かにそうなのです。土日ですね。だから、私がゴルフをやらないのはそのためなのです。もしゴルフやったら、私はスポーツマンですから、うまいはずなのです。うまいけれども負けず嫌いですから、負けるの嫌でしょう。そうすると、ただゴルフ場に行ってゴルフするだけではなくて、あいつに負けたら嫌だからと毎日ゴルフの練習をすることになるなと。だから一切やらないというほうがいいのだと。ちょっとやるといったらもう駄目だと。そういうことでゴルフを一切やらないで過ごした。

それから、マージャンもやらないと決意をして、ずっと貫いてきた。それはやっぱり土日が駄目になるのを防ぐためなのですね。ですから、やっぱり学校のない土日を論文に使うというのが、とくに学校が忙しいとき、大学紛争が盛んなようなときにはそれが大事になるのです。確かに土日を使っただけでも相当な分量が書けます。それを私は立証したといってよいでしょうね。

井田　逆に、行政職をおやりになったことが研究の内容を豊かにしたという面もあるでしょうか。たとえば、『犯罪各論』などは、そういう行政職をお務めになり、社会のこと・時代の動きにいろいろ触れられたからこそ完成できた本だとはいえないでしょうか。

西原　そういうことですね。

二　『刑法の根底にあるもの』の執筆

1　著すきっかけ

井田　大学行政に関わられたことが、研究内容をよい方向に導いたということもある。

西原　確かにそう。たとえば私の業績表を見てみると、昭和四三年から四五年に書いた小さな論文のテーマにはとくに変化がないのですね。ほかの年に比べて変化はない。つまりこれはほとんど頼まれ原稿だからなのです。ところが、書いた本ということになると、とくにその時期に二つの特色のある本を書いているのです。その一つが『刑法の根底にあるもの』（一九七九年、一粒社）、もう一つが『犯罪各論』（一九七四年、筑摩書房）なのですね。それがまたある意味でいうと時代の影響を受けたものなので、その話をちょっとさせていただきたいですね。

まず、昭和五四年（一九七九年）に出版された『刑法の根底にあるもの』です。この本の出版は比較的おそく、次に説明する『犯罪各論』より後になったのですが、この本を書いた問題意識はずっと早く、大学紛争時代に湧き起っており、犯罪各論という視点にも影響を与えているので、先に紹介させていただきます

ところで、この本は日本ではあまり読まれなかったようですね。

井田　そんなことはないと思いますが……。

西原　あまり読まれていない。ところが、二〇年前ぐらいに中国で翻訳が出たのです。『刑法的根基与哲学』という。なんと最近まで絶版にならずに読まれ続けたのです。ですから、私がたとえば中国へ講演に行きますと、講演が終わると学生が列をなして持ってくるのがあの『刑法の根底にあるもの』の中国語訳なのです。それにサインして下さいって持ってくるのですよ。

自分で言ったらおかしいけれども、私は中国の少なくとも大学院クラス以上の、刑法の専門家ではなくても中国の法律の学生に日本の法律学者としては一番有名なのだそうです。不思議なこ

『刑法的根基与哲学』

とに私の教科書の翻訳は出ていないのですね。何人かの日本人の教科書が中国で訳されて読まれているにもかかわらず、私が中国の中で一番有名な日本の刑法学者だと言われるのは、一つには第四章でお話しする日中刑事法学術交流のリーダーだったということがあるかもしれません。けれども、それを知っている人は、中国でもそう多くないとすれば、やはりこの『刑法の根底にあるもの』が、ある意味でいうと中国人の法律学徒の必読の書みたいになっているかららしいのですね。その理由について思い当たることがあるので、また後でちょっと話をしますけれども。この『刑法の根底にあるもの』は、もともとは一粒社の企画で、そこから出版されているのです。シリーズの一環だったけれども、向こうから与えられたテーマではないのですね。

井田　そうですか、ご自分で設定されたテーマなのですね。

高橋　シリーズであるにもかかわらずですか。

井田　シリーズですね。でも、全体としてはあまり出なかったですよね。

西原　『現代法律学の課題』というシリーズだったのです。その趣旨はかなり大上段で、法現象が変動していると。それにもかかわらず法律学の努力が十分でない。とくに既存の法理論が伝統的な思考の枠組みにとらわれていて、そこでは新しい現象に即応する道具概念が欠如している。激動する社会的現実を昇華しうる理論の生産、これがもっと必要だと、こういうことで企画された。

井田　先生もその企画自体にも関わられたのですか。

西原　いやいや、全体の企画には関わっていません。

井田　ただ執筆を担当になっただけですか。

西原　ただ執筆だけではなくて、刑法分野の編集委員を中山さんと私が担当したのですね。

井田　他の分野、たとえば民法もありますね、このシリーズは。

西原　憲法が高柳信一と浦田賢治、民法は五十嵐清、川井健、北川善太郎、水本浩、労働法が片岡昇と中山和久、そういう方たちが編集委員になりました。

佐伯　刑法部門の執筆者は先生のほかに中山研一先生、中義勝先生……。

高橋　金沢文雄先生。

井田　そうですね、それに米田泰邦先生。

西原　そうそう。とにかく現代法律学の課題という共通テーマで何か書けと言われたときに、私が『刑法の根底にあるもの』というテーマで書きたい、書かねばならんと思ったのは次のよう

『刑法の根底にあるもの』

な理由からなのですね。

全共闘の学生というのは、先ほど申したように体制の破壊が目的なのですよ。つまり、現行の法秩序も認めないのですね。したがって、それも破壊すると。ただし、破壊した後どういう法秩序を作るのかについては理論がない、こういう状況なのですね。それで、そういうことを言っている学生が騒ぎまくっている。朝からデモがキャンパスで渦巻いている中で授業をやる状況を考えて下さいよ。いつもやっているように、たとえば窃盗罪の本質は占有の侵害にある、所有権との関係はどうなるのかというような話をするわけでしょう。たとえば実行の着手時期については、主観説・客観説・折衷説という三つの説があって、それぞれに長短があるが、私はこういう考えを採るというような話をするわけでしょう。なんか空々しいのですよ。今ではちょっと想像つかないと思うのですが、その状況を思い浮かべてみて下さい。

2　全共闘時代に痛感した刑法の根本を説く必要性

西原　そういう状況に真正面から対決すると、もっと根本的なところを学生に説かなきゃいけないのではないかという気持ちになる。そうすると、刑法学にとって最も根本的なのは、なぜ国家は刑罰権を独占的に持つのかということなのですね。なぜ国家は刑罰権を持つのか。全共闘の学生は国家刑罰権を破壊しようとしているわけです。ですから、それにもかかわらず刑法理論を講ずる、刑法を講ずるからには国家権力の、国家が独占的に刑罰権を持つ根拠というものを自分なりにはっきりと捉えなくちゃいけない、こういうふうに思った。

これは一種の法哲学の問題でもあるのですが、意外にそういう文献、ないのですね。戦前にはたとえば小野清一郎先生の『日本法理の自覚的展開』（一九四二年、有斐閣）といった論説が出たりしたけれども、戦後は意外にない。それで、国家刑罰権の根拠については、たとえば正義の維持のために必要であるとか、利益の保護のために必要であるとか、秩序維持のために必要であるとか、そういう説明がなされて、それで何となくお茶を濁してきた。自分もそういうことで納得してきたのです。ところが、よく考えてみますと、なぜ正義を実現するために刑罰権が必要なのか、なぜ秩序や利益を保護しなきゃいけないのかという疑問が残るわけでしょう。そうすると、なぜ刑罰権の独占行使が必要なのかという、なぜ、なぜ、なぜという質問ができないところまで突き詰めないと「なぜ国家刑罰権が必要なのか」の説明が終わらないことになるのですね。秩序維持のために必要だと。では、なぜ秩序を維持する必要があるのかというのを回答しなきゃいけない。利益を保護しなきゃいけない。利益保護、なぜ要るのかということを突き詰めてみなきゃいけない。これはちょうど探検みたいなもので、表層からだんだん遡っていって、一番奥底まで掘り下げて、そこからまた戻ってくるという作業が要るのではないか、こういうふうに思ったのです。これは、ある意味でいうと私独特の着想だったのかもしれないけれども、これまでにも尾高朝雄先生の『法の窮極に在るもの』（一九七四年、有斐閣）という本はあったのですね。でも、その本を読んでも、私は納得できなかったのです。そこで、私としては表層からだんだん奥底へ行くという作業を自分で現実に始めることにした。

そこで刑法制定の一番外側の表層は何かということを考えてみると、それは国会の議決ということになります。そうすると、国会議員がなぜ刑罰を法効果とする法律を制定したのかという問いが次に出てくる。そうすると、そこに当然あるべき生理現象、つまりそれがないと具合が悪いという当然の生理現象と共に、一種の病理現象が見えてくる。たとえば日本の政治、政党政治の中で利益集団というのがあるでしょう。「原子力村」などという妖怪の存在が最近有名になった。たとえば自民党に族議員というグループがあり、それに圧力団体が圧力をかける。圧力団体の中で一番大きいのは農民の団体です。それから逆に言えば、たとえば法律の制定に抵抗する組合の団体というのもある。その中には通常の生理現象に属するものもあるかもしれないけれども、そういう中にある種の病理現象が働いていることもあるわけですね。病理現象の中には、たとえば一票の格差の問題も入ってくるでしょう。議員定数の是正が必要だという最高裁判所の判断は、それが病理現象であることを示していることになります。そのようにして、生理現象と病理現象を分けながらだんだんと奥深く入っていく。

3　マルクス主義との対峙

西原　その過程で一つの大きな壁にぶち当たったのがマルクス主義なのです。マルクス主義は、ご承知のように少なくとも共産主義社会が実現した場合には国家はなくなる、法律もなくなる、刑務所もなくなる、こう書いているのですね。それに対して私は、共産主義社会はたぶん実現しないだろう。でも、仮に実現したとしても犯罪も刑罰もなくならないし、刑務所はなくならないと以前から考えていたのですね、結論として。だけれども彼らは「なくなる」と言っているのですから「どうしてなくならないのか」の分析をしなきゃいけない。そうすると、マルクス主義というものの考え方全体が分析の対象になってくるので、これは大変だったのですよ。

そういうことで、あの忙しい時期だったにもかかわらず、高校時代、大学時代に読んだ岩波文庫のほこりを払って取り出してね、読んだんです。私は若いころから、マルクス主義の中の唯物史観といわれる、たとえば生産力の変化が生産関係に影響を及ぼす。生産関係が変わると上部構造が変わってくる、法律も変わってくるし、究極的には人間の意識も変わってくるという、その筋道自体は正しいと思っているのです。だから、いわゆる唯物論ではない唯心論の立場、たとえばヘーゲルの『精神現象学』よりもそっちのほうが分かりやすい。けれども、そもそも社会が発展を終えるということはありえないと考えているのです。つまり、共産主義社会が実現すれば理想社会が到来して階級闘争の歴史が終わるというのは絶対に間違っている、こう思っているのですね。人間というのはもっともっと駄目な側面を持っている存在なのだということを、私は文学少年の時代から思い続けてきた。だけれども、それをどう表すかとなると非常に難しくなって、大変悩んだんですよ。考えても、考えても突破できない。とにかく相手は巨大なマルクシズムの論理体系であり、厖大な数の信奉者ですから。

ところが、この点について面白い話があるのです。前にもお話したように、そのころ本を書く場合、夏休みと冬休みに旅館やホテルにこもって書いていたのですね。この『刑法の根底にあるもの』についても、そのようにして二冬二夏ぐらいで書いた。昭和五二年と五三年の冬は苗場スキー場のちょっと手前にある「浅貝」という村の「綿貫旅館」にこもった。スキー場に面したプリンスホテルは高いから。それで、前にお話ししたように午後二時間ほどだけスキーをして、あとは書き続けるのですが、あるとき、スキー場からスキーを担いで帰ってくる途中で突如思いついたことがあったのです。

それは何かというと、なぜ生産力の変化が生ずるのかといえば、私の見方ではたとえば蒸気機関車とか、電気とか、コンピュータとかのような新たな「道具」が発明されたことが大きな要因

苗場スキー場と筆者

になるのです。それは前からわかっていた。

そうすると、なぜ電気が発見されるのか、今でいえばなぜコンピュータができるのか、アイフォーンができるのか、いろんな便利なものがなぜできるのか、それを考えてみると、やっぱり人間が欲しいからでしょう。そういうものがあると便利だから。つまり、根本には人間の欲求があるわけですね。人間の欲求がある。もっとも、たとえば、古代社会の人がいくら欲求があるからといってコンピュータを作りましょうということにはならないです。やはりずーっと歴史を重ねてきて、科学技術の力が今の段階まで蓄積されて来たからこそ、人間の欲求が働くとコンピュータができるということになる。だから人間の欲求の時代的な表れが道具なのですね。

しかし、他方、人間の欲求が犯罪を生み、返す刀で犯罪を起こさせないための法律をつくる。したがって、国家刑罰権のもっとも根底になるのは欲望なのだという考え方は前からうっすらと思いついていたのです。この考え方と、さきほど説明をした、欲求→新しい道具の発明→生産力の変化という考え方を結合してみると、マルクス主義の根本を突破できるのではないかというのが、スキー場からの帰りに突然ひらめいたことでした。

マルクシズムの場合、つねに生産力の変化ということから出発しますから、それが生産関係の変化に影響し、上部構造を決定するという社会法則を思想の根幹におくことになります。階級闘争にもとづく革命によって、生産力の変化と上部構造との間の矛盾が解消されるまでは、下から上への一方通行を重んぜざるをえないのです。

ところが、生産力の変化の大きな要因に新たな道具の発見をおき、その根底に欲求を置くと、欲求っていうのがまた元へ戻ってくることになり、相互通行を認めることになるのではないかと思いついたのですね。つまり、以前の段階の欲求から生まれた現在の生産力が現在の生産関係を決定したと考えることは認められるけれども、現在の生産関係が続いている間に、もっとよい道具があるのではないかという欲求が生まれ、そこから新しい道具が発見され、新しい生産関係が形成されるという流れが認められることになるのではないか。したがって一方通行と見るのはやっぱり間違っていると。

いくら社会が変化しても人間の欲望はなくならない。だから、ちょうど新しい道具を生み出すのがその時代における人間の欲望であるのと同じように、その時代における人間の欲望がいろいろな新しい犯罪を生み出すのであって、新しい犯罪を生み出せば、それに対して新しい対応をしなければいけない。つまり一方通行ではなくて、やっぱり循環があって、つねに欲望へ戻るのではないか。そしてそれは生産力と生産関係の変化にもあてはまる、こういうことに気がついた。あまりにも単純なので、それが正しいかどうか分からないけれども、とにかくそこではパーっとひらめいたのです。スキーを担いで宿に戻ろうと歩いていたときなのです。

それで私は本当に急いで旅館に戻って、もうスキーや靴の片付けなんかそこそこにして、部屋へ飛んで行って、ぶわーっと書きだしたのです。そうしたら、どんどん書けるのですね。そして、その日がちょうど一二月二四日のクリスマスイブ。そうすると、晩ご飯全体がクリスマスパーティーになって、宿屋中大変な騒ぎになった。それがまた全部伴奏になって、夜中過ぎまで書きに書いた。あの日の高揚した数時間を今でもよく思い出します。

壁にぶつかって、それを突破した時っていうのは突如として起こるのですね。皆さんも経験しているでしょう。確かにトイレの中とか、階段上っている途中とか、アインシュタインが例の……。

井田　相対性理論。

西原　その発想がひらめいたのは階段の途中で学生と話をしていて、片足を次の段に掛けて話している時だったといわれています。アインシュタインに比べればほんの小さな発想にしかすぎないけれども、前から考え続け、悩み続けている間に突如として問題解決の発想が生まれてくる一つの例と言えるかもしれませんね。これが正しいかどうか、私には分からない。しかし私なりにそこで納得をして、マルクシズムに対する一つ考え方としてものが言えるようになった。そういうことだったのですね。

実は平成二年（一九九〇年）にモスクワ大学から名誉博士を頂いたのです。その時の記念講演で、この話をした。マルクス主義の本場モスクワでこの話をしたのです。そうしたら、ロシアのある刑法学者が「先生、そのような考え方は、ロシア革命直前に刑法学者の間に広がったことがある」と言うのですね。だけれどもその後、革命が成就したからそういう考え方はマルクス主義に反するということで一切主張されなくなった。しかし、そういう考え方はあったのだというのです。

この話を聞いて私は飛び上がらんばかりに驚き、よろこんだ。なぜかというと、この説、私としては間違っていないと思うのですけれども、まったく自信がないのですね。およそ突拍子もないことを言い出したのかもしれないと思っていた。実はこの本の原稿の最後の詰めは昭和五四年（一九七九年）にドイツに行ったときにドイツで書いているのです。六月二七日に原稿を一粒社に送った日、日記にはこんなことが書かれてありました。

「原稿を出してホッとしたというよりも、とんでもないことをしでかしたというような気持ちの重さがズシリと胸にこたえる。学界における私の位置が、自分ではどうにもわからないことか

モスクワ大学名誉博士号授与

らする重さだろう。」

一〇年後、ロシアの学者から聞いたこの話は、この胸の重さを初めて軽くするものだったのです。もちろんその後、マルクス主義の立場からの批判は当然ありました。たとえば中山研一さんとか、早稲田の労働法の中山和久さんなどは私見に対して正面から批判の論文を書いている。

高橋　このお考えを、刑法学会第五七回大会（一九八〇年）の共同研究「刑罰権と処遇権の基礎」で、先生は報告されました（刑法雑誌二五巻一号〈一九八二年〉一四八頁以下）。

西原　そうでしたね。私自身は、そういう批判の論文を読んでも読んでも納得しなかったけれども、とにかくマルクス主義の立場からピシッと批判の論文を書くというのはすばらしいことだと思います。いずれにせよ、刑法を論ずる者は自分の職業の対象である国家刑罰権の根拠はどこにあるのかということについて、自分なりのフィロソフィーと理論を持たなきゃいけないと私は思うのですよ。

高橋　そうですね。それはおっしゃる通りだと思います。

西原　私の見解を批判するならそれでよい。しかし私は私なりに学界としてははじめて一種の冒険的な試みをしているのだから、それを踏み台にしたり、批判しても結構なので、それを批判したりしながら、国家刑罰権の根拠の一番奥底には何があるのかを研究していただきたいと思っているのですけれども、私の場合これが生まれたのが実は例の全共闘運動の影響であるということを申し上げておきたい。

三　『犯罪各論』の出版

1　刑罰権発動の体系的説明の必要性

西原　『犯罪各論』もやはり国家刑罰権の発現形態を体系的に示したことになります。刑を科せられる行為というと刑法上の犯罪だけを考えがちですね。確かにたとえば裁判所の裁判の中で刑法犯は数が多い。しかし、たとえば特別法犯に対する刑罰権の発動もあるわけでしょう。しかも犯罪の予防という点からいうと、いわば行政取締法規とか、あるいは刑法の付属法規が機能しているわけです。それぞれの法律については、確かに刑法総論や各論の中で断片的に紹介する人がある。しかし、ひとくくりで体系的に説明する必要があるのではないか、そんなふうに考え始めた時期があったのです。

そういうように考えてみると、『刑法各論』で業務上過失致死罪の説明があって、全然離れたところで道路交通法の説明があるということではなくて、一種の社会現象としての交通犯罪というくくり方をすると、両方が関連をもって捉えられるのではないだろうか。そう考えれば、たとえば、公害犯罪、医事犯罪、暴力団犯罪とか、あるいは会社犯罪、不動産犯罪、公務員犯罪とか、ある意味でいうと社会学的な分類ごとに取りまとめてみると、ちょっと体系として甘さが出てくるけれども、刑法と特別法、刑法犯と特別法犯とが体系的に説明できるのではないかということを考えるようになった。ちょうどそういうところへ突然降ってきたのが『犯罪各論』への執筆依頼だったのです。これは筑摩書房の『現代法学全集』の一環で、編集顧問に団藤重光先生が入っておられた。

井田　団藤先生が書かれたのは『法学入門』でしたね。『刑法総論』はおそらく……。

高橋　平場安治さん。

井田　うん、ただし表題は『犯罪総論』。

西原　『犯罪総論』でしたね。

高橋　出ませんでしたけどね。

井田　結局、出ませんでした。

西原　刑法部門はこの『犯罪総論』と『犯罪各論』のほかに『刑事法通論』が平野さん。

井田　ああ、たしかに平野先生の『刑事法通論』が予告されていましたね。

西原　これは出たの？

井田　出ていません。

西原　出てないよね。『犯罪総論』が平場さん、『犯罪各論』が私、『刑罰論』が森下さん、『刑事訴訟法』が田宮さんという布陣でした。

高橋　どれも出ていないですね。

井田　出ていないですね。

2　団藤先生のアイディア

西原　学界で初めての『犯罪総論』、『犯罪各論』という発想、直接的には編集委員の平場安治先生から伺ったのですけれども、元々は編集顧問の団藤先生のアイディアだったらしいのですね。ちょうど私も大学紛争の中で、国家刑罰権の発動という観点で眺めてみると、それを体系的に説明するためには、今言ったように刑法犯と特別法犯との体系的な説明が要るのではないか。そのためには犯罪の社会学的なカテゴリーによる組織化、体系化が要るのではないかというようなことを考えていた矢先だったので、『犯罪各論』というアイディアは私の心の中にすっぽり収まったのですね。そこで、私は団藤先生に「こういう方針で書くつもりだけれども、どうでしょうか」ということをお聞きしたことがあったのです。そうしたら、「それはまさに私が考えたことだ」とおっしゃったのですね。

井田　そのそうそうたるメンバーの中に先生が選ばれて入られたということ自体も、先生に対する高い評価の一つの表れですね。

西原　団藤先生や平場先生がなぜ私を選ばれたかはわからないけれども、結果としては絶妙な選択だったといえるのでしょうね。私が同じことを考えていたのだから。この本、実は驚くべきことに初版だけで二万部売れているのですけれども、学界的にあまり評判がいいとはいえなかったような気がする。

佐伯　学問的な評価は高いと思いますが、刑法各論の授業の教科書としては、やはり使いにくいからではないでしょうか。

西原　そう、要らないでしょう。

井田　プロ向きですね、プロ向きの教科書。

3 『犯罪各論』の執筆

西原　『犯罪各論』の出版は昭和四九年（一九七四年）一月一五日ですが、執筆をはじめたのは昭和四六年の一二月でした。主要部分は二冬二夏旅館やホテルにこもって書き、四八年の五月から完成部分を逐次出版社に送り、九月二八日に執筆完了、一二月一七日に校正終了というスピードでした。

執筆を開始した昭和四六年という年は、確かにその前の年の九月一五日に学生担当教務主任から解放されましたから、気分的にはかなり楽になりましたが、その代わりにたくさんの仕事が入ってきて、忙しさはあまり変わらないという状態でした。その前の年昭和四五年から司法試験委員を仰せつかって出題、採点、口述試験という新たな仕事が加わったばかりでなく、各種法律出版社が「暇になった」と見たからか、頼まれ論文が山のように襲いかかってきたということがありました。

高橋　確かに先生の著作目録を見ると、昭和四六年には前の年の二倍ぐらい出版点数が増えていますね。

井田　昭和四六年から四七年にかけてが、出版点数という点からすると先生のお仕事のピークです。

佐伯　よくこれだけお書きになったものだと感じます。

西原　これも欲求不満の解消の一つの形だったのでしょうね。しかしそのように忙しいということを筑摩書房もよく知っていたので、実は山にこもって原稿を書くときに出版社に宿泊費を負担していただくという方式は、この『犯罪各論』から始まったのです。

筑摩書房というと、どちらかと言えば文学とか評論とか、人文系の本を出版する会社でしょう。これまでにも作家を旅館にとじこめて原稿を書かせるためにそのような方法をとることが長年の慣習としてあったらしいのですね。私の場合、たとえば冬は毎年年末にスキー場に行くという習慣が昭和四〇年ごろからありましたので、筑摩書房はそれを察知して、苗場スキー場に近い旅館に私をとじこめて執筆させようと考えたらしいのです。最初の冬については手帳に残っているのでご紹介しますが、一二月一五日から三〇日までと、一月三日から八日までの合計二二泊なのですね。一二月の最初の一六泊で約三〇〇枚（二〇〇字詰原稿用紙）書いています。これは私の平均からすると少ないのですが、調べるのに時間を取られたようですね。

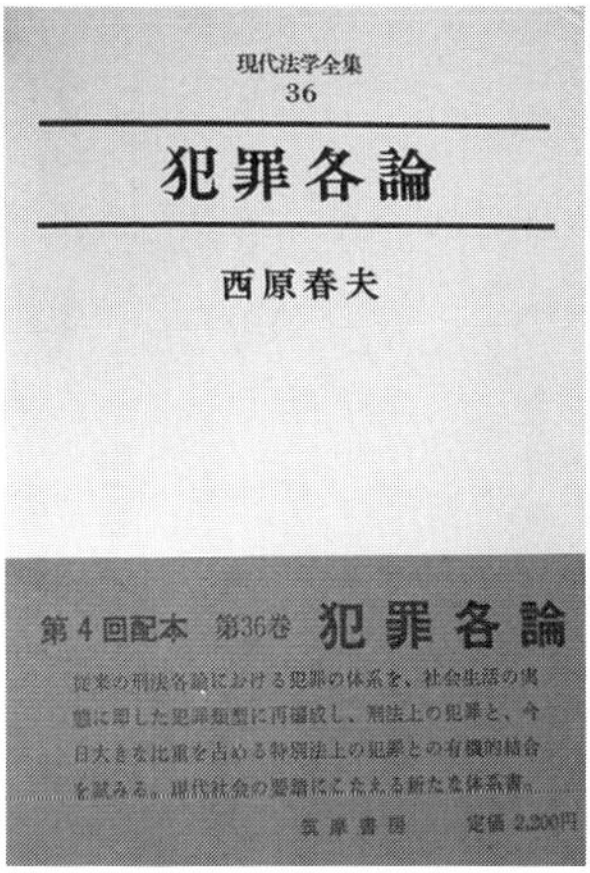

『犯罪各論』

夏は昭和四七年と四八年の二夏、赤倉温泉の「次井旅館」にこもっています。四七年は一六泊、四八年は一一泊、四八年はさらに九月になって美ヶ原温泉ホテルに一一泊しました。一時家族を呼んでいますが、その場合はもちろん自己負担です。宿泊費の中には朝食代は入っていますが、昼食と夕食代は自分持ちでした。何枚書いたかは記録にありません。四八年冬は浅貝の綿貫旅館で八泊。総計で六八泊ということになりますね。これで二〇〇字詰原稿用紙約一、七五〇枚、四五一頁の単行本を二年で完成させたのですから、効率はよかったといってよいでしょうね。この方式でなければ、忙しい真っ最中ですから、まずできなかったと思います。

佐伯　先生のお話を伺って、集中して仕事をすることの重要性を改めて感じます。もっとも、いわゆる缶詰は、流行作家のようで憧れますが、われわれの世代でそのような例はあまり聞いたことがありません。聞かれたことがありますか。

井田　今は、どこにいてもメールとかがどんどん入ってきますから、邪魔の入らない環境を作ること自体が不可能であって、「缶詰」自体が成り立たないのかもしれません。ただ、私は、「自己缶詰」と勝手に呼んで、海外出張の数日間、予定を入れずに、同一ホテルに泊まり、原稿を書いたりすることはあります。

高橋　私の場合だと、そういう温泉などで缶詰にされたら、かえってのんびりしてしまい、毎日ダラダラしてしまうと思います。日常の混乱の中でせわしなくコツコツ書く。そのために、ノートパソコンを持ち歩く。そういう方法しかできないですね。

四　犯罪各論的研究の必要性

西原　もう一度こうした犯罪各論的な研究の意義、必要性に立ち帰ってみたいと思うのですけれども、たとえば最近業務上過失致死傷罪と並んで危険運転致死傷罪ができたから、刑法各論の教科書の中にも、その犯罪の原因となる酩酊運転とか、無免許運転などの道路交通法違反を援用するのがふつうになってきましたよね。ところが、業務上過失致死傷罪だけしかなかった時代には、その犯罪の原因は交通規則違反だけに限らず、非常に範囲が広かったから、「刑法各論」の教科書の中にはそれらはとりあげられなかったのです。その時代には「交通犯罪」というカテゴリーを作って刑法上の業務上過失致死傷罪とその原因をなす道路交通法違反とを体系的に示すには、「犯罪各論」という観点が必要だったわけです。それは認めるでしょうか。

高橋　それはその通りです。

西原　そうだとすると、そのほかにもこれに類する犯罪のカテゴリーがたくさんあるのではないですか。たとえば、医事犯罪とか不動産犯罪とか。「刑法各論」ではまかないきれないと思うのですよ。

佐伯　そうですね。

高橋　こういう、パノラマ的というか、犯罪全体をつかめるような本は必要ですよね。

井田　間違いなく必要ですね。

高橋　ただ、それぞれが今、膨大になっちゃって、経済犯罪、経済刑法だけでも把握しきれない。

井田　一人では書けないかもしれないですね、もう。

西原　『刑法各論』は、確かに司法試験の受験者にはそういうのが要るけれども、ほかの一般学生にとってそれが必ずしも要るとはいえないわけでしょう。

佐伯　おっしゃるとおりです。

西原　それでも、こういうのがあったほうが面白いのではないの。

井田　はい。

西原　そういうふうに私は思うのだけれども、その後、こういう本を書く人は一人もいない。

高橋　いや、なかなか書けないのではないですかね。

井田　かなりの力量がないと書けないと思いますけどね。

西原　書けないの。

高橋　うまくバランスよく、融合させて書くのは大変です。『犯罪各論』を改訂するという方法も考えられますね。

西原　連名で改訂してくれる人がいたら、よろこんでお任せしますよ。

井田　よほど力のある数人が相互によく協力してやるしかないですね。

西原　これが、たとえば一冊の本ではなくて一種の全書になったらいいと思うけれど、そういうのは出版社として売れないから駄目なのかもしれませんね。

高橋　そうですね。実は、特別刑法のシリーズみたいなものを考えているのですけれど……。実務上は非常に役に立つと思います。

西原　「犯罪各論体系全一〇巻」みたいなものがあれば大変面白い。

高橋　それは面白いですね。企画してみましょうか。

西原　似たりよったりと言ったら失礼だけれども、外形はほとんど同じ刑法各論は山ほどあるのに、観点を異にする各論が一つもないというのは問題ではないですかね。いかに刑法学が刑法の教育に偏って、「犯罪の法学的研究」をおろそかにしているかの表れではないでしょうか。もっとも、かく言う私も、あの大学紛争時代に、暴れまわっている学生たちが否定しようとした「国家刑罰権」について刑法研究者として改めて正面から取り組もうとし、その中で国家刑罰権の発現形態を体系化する必要性を感じなかったら出て来なかった発想かもしれません。その意味でこの『犯罪各論』は『刑法の根底にあるもの』と並んで、あの大学紛争の生んだ産物と言えると思います。

五　刑法改正事業

1　昭和三一年に始まった戦後の刑法改正事業

西原　最後にちょっと刑法改正のことに触れないわけにはいかない。今、説明したような全共闘運動の盛んだった特殊な時代は、広い意味でいうと約一〇年続いたのですね。ちょうどその真っ盛りの時期に日本の刑法改正事業が差し掛かってしまったというところにその不幸というか、一つの宿命があったように思うのですね。

ちょっと迂遠になるけれども、戦後の刑法改正事業を概括してみると、ご承知のように戦前、刑法の全面改正事業が行われたけれども、戦争のために中断し、「改正刑法仮案」という形で総括されるに止まった。戦前における日本の刑法改正事業は、直接的には当時ドイツをはじめヨーロッパ諸国に起こった刑法改正運動に影響されたものだけれども、背景には、いわゆる近代学派の考え方、つまり「犯罪」もさることながら「犯罪人」を重視し、犯罪論よりも刑罰制度に重点をおく動きを刑法の中に取り入れなければならないという事情があった。これが戦争のために実現せずに終わったのです。

戦後の刑法改正事業が昭和三一年（一九五六年）という、終戦後一一年しかたっていない随分早い時期に始まったのは、このことと関係があるようです。昭和三一年の日本の状態、皆さんには想像つかないと思うけれども、戦後の混乱がある意味で一応鎮まった時期だったと言うことはできます。しかし、まだ当時の社会生活は今みたいではなくて、貧しい状況がいろいろ残っていたし、戦後導入された諸制度はまだ不安定で、それに対する評価もまだ必ずしも確立していなかった。そういう時期にもかかわらず戦後の刑法改正事業が始まった理由の中には、戦前の刑法改正事業の再出発という意味が正面に出ていたことは確かです。もちろんその間に戦争、敗戦という大変な変化があり、しかも戦後の憲法の制定、価値観の大転換というのがあったから、それをも考慮しての刑法改正という側面は当然伴っていた。戦前の刑法改正の継続に重点をおくよりも、新たな憲法の視点の下での改正という点を重視すべきだという意見もかなりあったのですね。

しかし、そもそも昭和三一年の刑法改正事業がどういう形で始まったかというと、当時、法務大臣が法務省特別顧問であった小野清一郎博士に対して刑法および刑事訴訟法に改正すべき点があるかを諮問されたのですね。法制審議会に対してだけではないのですよ。小野博士に諮問したのですね。そして、同時に法務省の中に少数の学者・実務家より成る刑法改正準備会というのが設けられ、小野博士がその座長になられたということなのです。したがって、戦後の刑法改正事業が小野博士の刑法観を基本にしていたというのは、そのような経緯からも明らかです。

その小野先生は、戦前からの刑法改正事業の継続だ、再出発だということを強調しておられた。

したがって、それに対する抵抗は初めからあったと思います。しかし、私の見るところでは、刑法改正準備会の段階では、たとえば後に法務省の改正事業に批判的になって飛び出した平野先生もその準備会の委員として非常に積極的に関与しておられた。だから、昭和三一年の段階では、基本方針についてやや理解の相違はあったけれども、いい刑法を作ろうということで一致団結していたと言えると思います。

そして、昭和三五年（一九六〇年）の三月に刑法改正準備会の未定稿というのが発表されて、これに対する批判を受けて修正されてできたのが昭和三六年の「改正刑法準備草案」でした。この草案についても当然のことながら各方面から意見が寄せられ、その中には批判的意見が随分多かったように記憶しています。法律時報三六五号（昭和三五年）がすべて「改正刑法準備草案の総合的検討」に当てられ、四六四頁から成る大著として出版されていますので、意見の趨勢はそこから察知できます。ただこれはまだ「準備草案」で、すぐ立法されるものではないところから、学界としてはまだ切羽つまったという状況にはなっていませんでした。

次の段階が昭和三八年（一九六三年）です。昭和三八年に今度は法制審議会に対して刑法に全面改正を加える必要があるか。あるとすれば、その要綱を示されたいという諮問が法務大臣からなされました。そこで、法制審議会の中に刑事法特別部会というのを設けて、予備的審議に当たらせることになったのです。その場合、当然のことながら昭和三六年の刑法改正準備草案が重要な参考資料とされることになりました。そして、この特別部会は昭和四六年（一九七一年）の一一月に八年半にわたる審議を終え、その成果として「改正刑法草案」を発表した。

最終的にはその後、親会議である法制審議会の中で部会草案である改正刑法草案に修正が加えられて、昭和四九年（一九七四年）五月二九日、法制審議会案である「改正刑法草案」が、戦後の刑法全面改正事業の最終の成果として発表された。しかし、後に述べるような事情で批判があまりにも強かったために今日まで日の目を見ていない。途中で現代用語化というのが行われたにとどまった。明治四一年（一九〇八年）制定の一部の改正、追加が行われただけで今日に至っていると、こういうことになるわけですね。

2　改正刑法草案の発表時期

西原　さて、注目すべきは改正刑法草案が第一次的に刑事法特別部会草案として発表されたのは昭和四六年という年だということなのですね。それを先ほどの話と照らし合わせていただきたい。つまり、大学紛争に典型的に表れている全共闘運動のような社会的な動乱が異常な現象として表に現れてくるのは、先ほど申したように昭和四〇年の慶応義塾大学の学費闘争なのですね。この現象は翌四一年に、六か月に及ぶ早稲田大学の学費、学館闘争として引き継がれた。それが昭和四四年の大学立法目ざして一直線に激化していくのです。

多くの大学では、この大学立法を境として次第に鎮静化していった。ところが早稲田の場合には、昭和四七年の一一月、学内のリンチ殺人事件が起こって、多少鎮静化しつつあった学生運動がふたたびはげしく燃え上がったのです。というのは、この事件がセクト間の争いの延長線上で起こったということで、加害者の属するセクトを追い出せという運動が他のセクトから起こり、それが学外の上部団体や学内の教授会内部の一部の先生と連動してひどい状態になった。私が法学部長として苦労したのはまさにその時期だったのです。それが昭和四七年ですね。それが一応治まってくるのが昭和五〇年ぐらいですから、当時の大学紛争、学園紛争、そして社会的な動乱はほぼ一〇年かかったことになるのですね。私が言いたいのは、ちょうどそういう暴力のはびこった異常な時期と刑法改正事業とが重なったところに一つの不幸があったという気がしてならないのです。

つまり、全共闘運動というのは一種の無政府主義的な革命運動ですから、国家権力側としてはこれに対抗するために、どうしても刑罰権を多用する、刑罰を重くするという傾向に流れざるをえなかったと思うのですね。

そういう現象に対して小野先生の刑法観がどのように機能したかについては、相当慎重な検討が必要だと思います。小野先生の基本的立場は、刑法というのは国家的道義の体系的発現だという考え方ですから、どちらかというと国民個人の権利保護機能よりも国家の秩序維持機能のほうを重視する傾向に流れると思います。そうしますと、前者に重点をおく考え方との間に相当決定的な対立が生ずることになります。この対立は、審議の始まった最初のころからあったと思うのですが、社会生活の変化に対応して重罰化とか、あるいは刑罰の多用化などという傾向が目に見えてくるにつれて激しくなった。その結果、審議の基本的方向への批判が強くなって、有力な委員であった平野・平場両先生が、それでは責任が持てないということで刑事法特別部会から離れるという大きな出来事が生じてしまったのです。

ただそれには前兆があって、その少し前から刑法改正草案がだんだん姿を現してきつつある段階で、これを批判的に検討しようという中堅刑法研究者の集まりができた。これが「刑法研究会」といわれる組織です。ここにその当時の原資料があるのですけれども、これは面白いですよ。申請書がある。

佐伯　科研費の申請書ですね。

西原　その通り。昭和四五年度の総合研究A計画調書。科研費の申請書ですね。平場さんが研究代表です。

井田　すごいメンバーですね。

西原　平場安治、平野龍一、中義勝、福田平、内藤謙、中山研一、香川達夫、宮澤浩一、松尾浩也、大谷實、吉川経夫、森下忠、田宮裕、西原春夫。これはちょっとした歴史的文書ですね。

メンバーはだから、当時の中堅、まだ若手かな。
高橋　若手ですか。中堅ではないのですか。
井田　先生、お幾つだったのですか。
西原　えーと、幾つだったかな。
高橋　四〇歳ぐらいですかね。
西原　ちょっと待って。どこかでお話ししたかな。昭和四三年から四五年、大学紛争真っ盛りの時に学生担当教務主任を仰せつかったのだけれども、それがちょうど私の厄年と重なるのですよ。四三年が前厄で、四四年が本厄、四五年が後厄なのです。
高橋　昭和三年のお生まれですから四一歳ですね。
西原　だから四一歳から四三歳なのですよ。

3　刑法研究会

高橋　これは皆さん反対ということで、研究会が組織されたわけですか。
西原　そうそう。批判的に検討しましょうという。
高橋　批判的検討ですか。
西原　うん、科研費の申請書に記載した研究目的がそもそも「刑法改正案の批判的検討」になっ

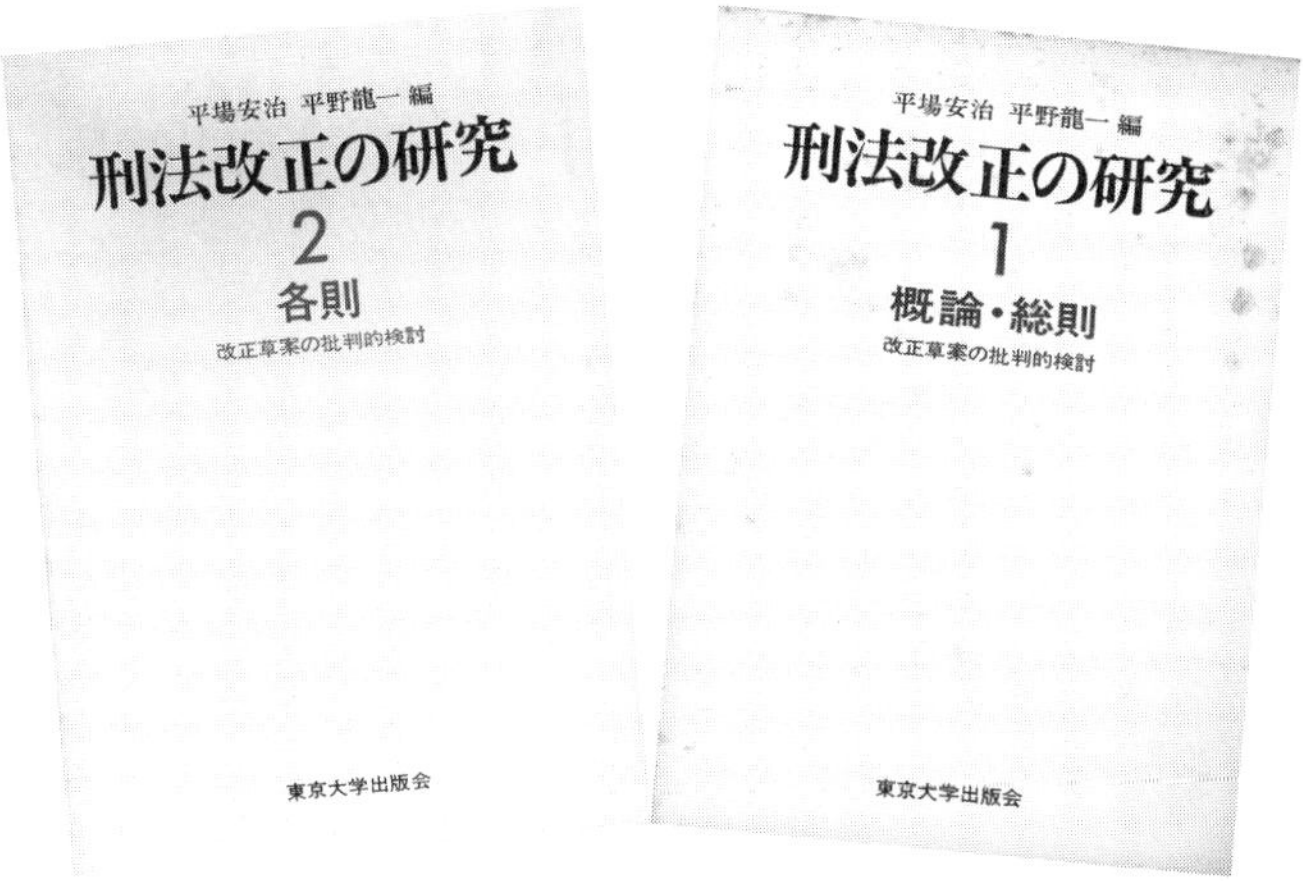

『刑法改正の研究 1、2』

ているのですよ。この刑法研究会は何回も合宿したり、会合を重ねて、最終的には『刑法改正の研究』一巻、二巻（一九七二年・七三年、東京大学出版会）を出して終わったのです。

この研究会の発想については、おそらく平野・平場両先生の頭の中には当時ドイツにあった「対案教授（Alternativ-Professoren）」といわれたグループの活動があったのではないかと思います。当時のドイツの刑法改正事業は、刑法改正大委員会の手によって進められ、その成果が一九六二年の刑法草案だったのですが、これに対して中堅・若手の刑法学者が反対の見解を打ち出して、それで対案を作った。そういうドイツの動きがおそらく日本にも影響したのだろうと、平野・平場両先生の頭の中にもそれがあったのではないかと思います。

第一章でお話ししたように、昭和三八年（一九六三年）のザールブリュッケンにおける刑法学会終了直後、中堅・若手の人たちが集まってひそひそといろいろ相談をしていた。これが次の学会に向けた最初の集まりだったそうです。ちなみにロクシンは、このザールブリュッケンの刑法学会が初めて学会に参加したときなのだと言っていました。そして、翌年昭和三九年のハンブルグにおける刑法学会で、刑法大委員会を形成する大先生方と若手刑法学者の正面からの激突を目の当たりに見たのですね。すごかったですよ。

井田　若手のロクシンが大家のヴェルツェルを舌鋒鋭く批判したとか。

西原　そうそう、たとえばボッケルマンとか、エンギッシュ、ガラス、イェシェック、ヴェルツェル、そういう日本人でも名前をよく知っているそうそうたる人たちが大委員会のメンバーで、それに対してアルトゥール・カウフマンとか、バウマンとか、アルミン・カウフマン、それからロクシン、そういう人たちがものすごく激しく批判的な発言をするのです。すごかったですね。もう、すごかった。平野さんや宮澤さんもあの時ハンブルグにいらっしゃって、それを見ているわけですから。

ただ昭和三八年から四二年ごろまでは平野・平場両先生も審議に積極的に参加して、よい刑法を作ろうと努力しておられた。私はドイツから帰った昭和三九年の翌年の四〇年九月に委員でなく幹事として刑事法特別部会に参加し、第三小委員会という、保安処分について審議する小委員会に所属したのですが、そこには平野さんも入っていました。平野さん、吉川さん、そういう人たちが入って。

井田　吉川先生も入っていらっしゃったのですね。

西原　小委員長は植松正先生、実務家としては横井大三検事、戸田弘判事、それに刑事法特別部会全体の事務局を鈴木義男検事と共に担当された臼井滋夫検事、これに加えて平野龍一、吉川経夫というメンバーですから、私を除いてはそうそうたる顔ぶれだった。

佐伯　すごいメンバーですね。

西原　メンバーもみんな一流の論客だったし、資料や統計や外国の実例なども配られて、議論は非常に有益で面白かった。その結果、法務省案に対して、これ、A案といわれるのに対して、平野さんを中心に吉川さん、戸田さん、私が組んでB案という素案を作って、両方が部会にかけられた。A案とはやっぱり考え方が違うのですね。もっとも、B案作成者の間にも意見の相違があって、妥協の産物だったのです。

4　保安処分をめぐって

西原　そのころはとにかく平野さんも、保安処分のようなものは要るのだという大変強い考え方を持っておられた。ただ、その保安処分なるものが先ほど申した大学紛争の中でものすごい批

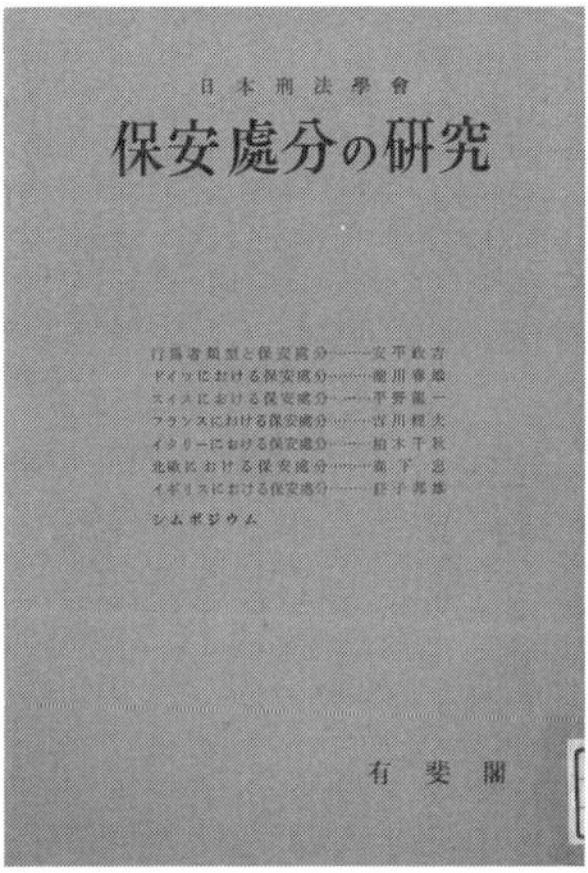

『保安処分の研究』

判の対象になったのは、とくに東大における大学紛争の発端が医学部闘争だったからなのですよ。

医学部闘争の発端は、昭和四三年の一月から登録医師制度っていう新しい制度が発足すると発表されたことなのですね。それに対して医学部のストが行われた。私ども脇から見ていると医局というのはいろんな問題をはらんでいたらしいのですよ、昔から。例の山崎豊子の『白い巨塔』なんかにも表れているような、人間関係のドロドロした封建的な性格を帯びていたらしいのですね。確かに密室ですから。そういう中で、外科とか、内科とか、大きい医局では伝統的な医局制度みたいなものがガシッとできていたので、問題も大きいけれど批判の出てくる余地も少なかった。これに対して、たとえば精神科とか、産婦人科とか、小さい医局の場合にむしろ激しい反対運動が起こった。とくに精神神経科というのが一番拠点だったのですね。そこで医学部のストから東大の紛争が始まって、それがだんだん広がり、学外の全共闘各派も絡んできて、ついに安田講堂が占拠された。それで、昭和四四年一月一八日から一九日にかけて、安田講堂を八、五〇〇人の機動隊が取り囲んで、放水をしたり、催涙ガスを使ったりして過激派を追い出した。これが終日テレビで放映された。これが東大安田講堂事件ですね。

こういう背景があって、東大の紛争の中から東大の精神科のお医者さんを中心として保安処分反対運動が起こってきたのです。つまり、保安処分というのは精神障害者を差別する、こういう考え方ですね。単に差別をするというだけでなく、そこへ国家権力が入ってきて、国家権力の下に差別するのは許されないということで、保安処分反対運動が起こった。たとえば昭和四五年春の刑法学会で刑事法特別部会小委員会をめぐってシンポジウムが行われた時に、その人たちが「参加させろ」と言ってきて、それで大変だったのです。その年の学会の当番校がたまたま東大で、大学キャンパスでは危くてできなかったのですよ。そこで神田の学士会館で行った。その時に対応したのが藤木さんと私だったんです。つまり、藤木さんは東大の紛争の中で、私は早稲田の中で苦労して、それぞれいろいろな状況判断とか手法を身に付けていたものですから、藤木さんと私が対応することになった。それで、とにかく住所を書かせちゃった。その上で、とにかく参加は認めるが学会だから発言は認めないということにしたところ、意外におとなしかったのです。

佐伯　刑法学会を大学の中で開けなかったという話は以前から聞いていましたが、西原先生と藤木先生が対応に当たられたということは初めて伺いました。

西原　ええ。その翌年秋の学会が広島で行われた時も、大学ではできなくて、広島平和記念館で開催されたのですが、やっぱり押し掛けてきたのです。そしたら当番校の責任者の森下さんが血相を変えてシャツをまくり上げて「俺が止めてやる」って言うから、「ちょっと森下さん、私らに委せて下さい」と。とにかく大変だった。

5　保安処分反対運動の後遺症

西原　この運動が実は学問にも大変影響を及ぼしていたのです。たとえば、私どもがそのころまでに学んでいたのは、一九世紀から二〇世紀にかけてのドイツの精神医学や心理学の成果でした。たとえば「精神病質」概念であるとか、あるいは「気質」概念であるとか。そういうものが全部否定されちゃって、それを主張していた先生たちは散々つるし上げられたらしいのですね。精神病質の専門家の先生なんか、ひどい目に遭わされたと聞いています。現に今、精神病質とか気質という概念は、最近私は矯正協会の会長として刑務所や少年院などの施設見学をずっとやっているのですけれども、たとえば医療刑務所に行ってもそういう概念は使われていないのです。

私の学んだところでは、人間には三つのタイプの気質があるというのです。人間はその三つのどれかに必ず属する。途中で変わることは決してない。当時としては、「てんかん気質」、「そううつ気質」、「分裂気質」の三つのタイプがあり、これは非常に簡単なテストでもって一目瞭然分かる。それが私にも実感できたのは、当時、家内が大丸の人事課にいて、そこで科学的・心理学的採用ということをやりだした時期だったのですよ。それで、ものすごく勉強した上で、私が何気質か検査したいと言うから、自分でも知りたいと思って受けてみたら「あなたは典型的なてんかん気質だ」というのです。てんかん気質ってどういうのかと思って本を読んでみると、普段は非常に精神が安定している。人付き合いも良くて友達も多い。ところが、その人の普段からは想像もつかないようなことが原因となって突如として怒りだしたら手も付けられなくなるって書いてあった。考えてみると確かにそうなのですね。平常は精神が割と安定しているのです。「そううつ」っていう側面はあまりない。冷たい計画性っていう分裂的なものもない。ところがそう言われて思い返してみると、確かにあることで突然怒りだして友達を失うっていうことが何回もあったのです。

井田　えー、そんなことがあったのですか。詳しくお聞きしたいです（笑）。

西原　それで、その後、それを知ってから反省してみると、友達を失うぐらい怒るときっていうのにはいくつかのパターンがあるのですね。特定の状況なのです。それで、そういう状況になるとそうなりやすいっていうのが自分で分かった。そこで、今後そういう状況になったらその場から逃げることにした。それしか手がないのですね。そういうことを身につけたため、その後ほとんどそういうことが起こっていないのです。だから、避けられるのですよ。避けられるけれども気質は絶対に変わらない。

これに対して、「そううつ気質」というのは、そう状態とうつ状態が交互に来る。それから、「分裂気質」の人っていうのは普通の人では想像もつかないような物語を描いて、その中には被害妄想も入っていて、計画的な、冷酷な事件というのはそういう人から起きやすいと言われている。これに反して激情犯罪というのは、私のようなてんかん気質の人に起きやすいと言われている。そういうふうに私は説明を受けていて、少なくとも私の場合、私の気質と検査結果はピタリと一致するのですね。

だから、私は、たとえば犯罪者処遇に当たって、犯罪予防を考えるときに、誰もが同じように激情犯を犯しうる、誰もが同じように計画的な冷酷な犯罪を犯しうるというように考えるのでは十分ではない、犯罪者の精神的特性が学問的に分類できるのであればやはりきちんと分類し、それぞれの特性に合った指導をすべきではないか、たとえば、私のような特性の者については、過去を思い出して急に怒り出す状況をパターン化し、そのような状況が生じたときは人から逃げるようにしろと指導することによって犯罪予防ができるのではないかと、こんなふうに思うのです。だから、そういう考えが批判されたままになっているのが気になってしょうがないのですね。

精神病質についても、私どもが習ったところでは、健常者と病者の中間に異常性格者があり、七種（クレペリン）とか一〇種（シュナイダー）に類別できるとされていました。その中でたとえば自己顕示型の精神病質というのは、「俺が、俺が」というのだと思ったら違うのですね。詐欺の常習犯が大体自己顕示型精神病質者だというのです。つまり、自分が作っている物語がいつのまにか本物のようになっちゃう。本物だからものすごく迫力がある。普通の人の場合作り話だとどこかで嘘らしさが出ちゃうけれども、そうではないのだそうです。その例として、そういう自己顕示型精神病質の詐欺の常習犯の人が医療刑務所に入っていたところ、精神病質の専門家のお医者さんがものの見事にその犯人の詐欺事件に加担しちゃったということがあったそうです。それぐらいすごいっていう、そういう話ですね。

そこで問題となるのは、いくら概念を否定しても、概念に当てはまる実体は変わらないわけです。犯罪予防という観点からすると、この実体に何とか対応しなければならない。ただ、差別はよくないという考え方自体は理解できる。それをどうするかを含めて、学問としては、一つの問題点だなと私は思っているのです。

高橋　やはり、犯罪原因論をもっとしっかりやらなくてはいけないということですね。

西原　そう。

高橋　それと処遇を結びつける必要がありますね。

西原　結びつけなきゃいけない。しかし、当時は異常な時期だったのだから今は批判を考慮する必要はないとはいえないし、もう今後は批判が起こらないとも必ずしもいえない。異常な時期ではあったけれども、彼らはやはり患者さんとか家族の立場に立っていたのですから、われわれ刑法学者としては、犯罪者の特性に応じた処遇、指導の必要性とこの点への考慮のバランスをどこに求めるかを深刻に考えなくてはいけない。ただあの時のままでいいかというと私はそうは思わない。これはあなたたちのこれからの問題点だと思うのですね。

6　刑法改正事業の総括

西原　法務省のいろいろな方々の意見を聞いていると、保安処分については今でもある程度の必要性はあると思うけれども、これの立法化については自信がないと言っていますね。全面改正そのものについても同様なようです。今の時点でふり返ってみると、全面改正への熱意も、それに反対する情熱も、ともに時代の産物だったような気がしますね。今は当時のような、燃え上がるようなものがまったく感じられない。

それではあの両者の努力が無意味だったかというと、私はそうは思わない。たとえば、私ども改正事業に関わった者としては、学問的にものすごく勉強になったのです。さらには刑法学全体を発展させた面もあると思う。理論を深めたのですね。法務省側は法務省側でものすごい資料や理論の下に原案ができている。それに対して批判をするからにはそれなりの資料と理論が要るわけですから、その衝突っていうのは学問を発達させたと私は思っているのですね。そういう成果はあったと思う。

井田　一つお聞きしたいのですが、当時、改正事業を進めようとする側、法務省はどういう主観的意図、狙いでこれを実現しようとしていたのでしょうか。改正事業を支持する学者たちもいました。その狙いはどこにあったのか。学生運動や労働運動も起こって社会の秩序が乱れているから、厳しめのきちんとした刑法を作って、秩序を取り戻さなければならない、そのための強い刑法が必要なのだ、そういう狙いと主観的意図で進められていたのですか。

西原　いや、そうではないと思います。おそらく小野先生はじめ法務省の人やその基本方針を支持される方々は、何も今の異常な事態を前提にしているのではないと考えておられたのではないでしょうか。われわれが重罰化とか、刑罰の多用化という批判をし、そこには当時の秩序が前提になっていると考えたのだけれども、それらの人々にとっては、そういう意識はなかったのだと思います。ひょっとすると、それが一つの分れ目だったのかもしれませんね。

それからもう一つ別な分かれ目は、平野さんの刑法理論の基礎にある当時のアメリカ的な考え方を考慮に入れるかどうかということだったと思います。当時のアメリカには時代的な思想があって、「刑法の断片化」というようなことが強調された。

それは、国家的道義の体系的発現というような小野先生の考え方とは真正面から対立することになります。また当時強調された「非犯罪化」というモットーも、今の日本には合わないという拒否反応があったのではないかという気がする。

ちょっと話がそれますが、非犯罪化との関係で私が驚いているのは、中国の今の刑法は、もう完璧に非犯罪化なのですよ。たとえば微罪。刑法一三条には「ただし情状が著しく軽く、危害が大きくない場合は犯罪としない」という明文の規定があるのです。さらに単純窃盗は「その額が比較的多額であるか、または数回にわたって窃取した場合」のみ刑が科されることになっています（二六四条）。

それから、たとえば道路交通法違反のような行為、これはことごとく行政取締規違反というように性格づけられて、それに対して刑罰は科されない。だから、刑法の特殊な付属法規があるだけであって、日本でいう特別法犯はほとんどないのです。このように中国では法律体系としては徹底的に非犯罪化している。それに比べると、日本は非常に刑罰を多用している。たとえば大気汚染防止法とか、水質汚濁防止法、ああいうものにも刑罰が使われているでしょう。中国からすると考えられないですね。

もっとも、それについては理由がなくはないのですよ。行政官庁に対する信用が日本では薄いということがあるのですね。これは『制裁論』（二〇〇九年、有斐閣）をお書きになった佐伯さんの今後の大きなお仕事だと思うのだけれども、戦後の日本では裁判所をものすごく信用するでしょう。要するに行政官庁は信頼できない。したがって、裁判所を信頼するから裁判所の審理を必要とする刑罰を法効果として多用せざるをえない。行政処分には委せられない、こういう考え方が、戦後ずっと続いてきたわけです。

だけども、それでいいのかという感じはあるのですね。今、非犯罪化というような言葉はあまり使わないけれども、刑罰権の及ぶべき対象をもう少し絞ってもいいのではないかという気がしてしょうがない。中国の場合は、実態はともかく形式的には「人民政府」「人民裁判所」ということになっているから、両方を信用する、こういうことになるわけです。このように体制が違うから同じように評価することはできませんが、日本でそこまでする必要があるのか。たとえば道交法違反に対する反則金の支払いについて問題があったという話は聞いていない。これは今後のあなたの課題だ。

佐伯　確かに以前よりは課徴金などの行政制裁の使用が広まっていますけども、制裁の賦課について行政庁に裁量を与えることに対してはまだまだ警戒感が強いようです。貴重なアドヴァイスをいただき有り難うございます。

六　矯正・保護関係との関わり

井田　先ほど、刑法改正作業の中で保安処分の問題に関わられたというお話をお伺いしたのですが、その後も法制審議会監獄法改正部会の委員をなさっていらっしゃいますし、矯正保護審議会の委員、会長、現在は矯正協会の会長をなさっていらっしゃるわけですけれども、そういう矯正や保護の関係での先生のお仕事について少しお聞きできればと思います。

西原　これ、やや偶然的なところがあるのですね。ひょっとすると刑法研究会へ参加したことが影響しているかもしれない。つまり、私は確かに法制審議会の刑事法特別部会、刑法全面改正のための特別部会については幹事として入っているけれども、常設の刑事法部会には入っていないのですよ。

井田　そうなのですか。とても意外です。

西原　入っていないのです。たとえば平野さんも平場さんも宮澤さんも入っていないでしょう。それと同じように考えられたかもしれないという面がある。もっとも、私の場合、大学行政にからめとられて刑法から外れちゃったと考えられた面もあるかもしれない。しかし、本来からすると私みたいな総長をやって広い観点を持った刑法学者が立法に参加するというのは必要だろうと自分では思うけれども、結果として入っていない。刑法研究会に参加したことが主な原因なのか、それとも大学理事や総長になったのが原因なのか、どっちに重点があったのか分からないけれど、どうもすっきりしない気持ちを抱いているのです。

ただ刑事法部会に入っていないことに対して、法務省の中でやっぱりあれを使うべきだという意見もあったようですね。そこで、まず矯正保護審議会の委員として入って、その次にその中の矯正保護部会長になって、最終的には矯正保護審議会の会長もやったという経緯があるのです。

このように矯正保護審議会に入って感じたことは、法務省としては予算獲得の手段なのですよ、この審議会は。いわば法務省矯正局の応援団なのですね。考えてみると、ほかの省庁には味方である圧力団体があるのですよ。農協とか医師会とか。たとえば、私学だって、われわれ私学団体が族議員のところへ行って私学助成を増やせと言って圧力を掛けるわけでしょう。ところが、刑務所とか、そういうところには味方の圧力団体はないのです。法務省全体にもない。結局、法務省矯正局の予算獲得の応援団というのは矯正保護審議会しかない。私はそういう立場なのだということを明確に意識して、委員にもそういう話をして、なぜこれが要るのかということを法務省が言うのを応援する形で決議をしようと徹底した。それが大変評価されて、それで結局会長もやったと、そう思うのですね。それで、刑事政策ではなくて刑法の専門家なのに法制審議会監獄法改正部会に初めから参加したのも、そういうものの影響があったせいかなと思う。

佐伯　そういう事情もあったのかもしれませんが、やはり、先生の『刑法の根底にあるもの』のお仕事や『犯罪各論』のお仕事というものが、多くの刑法学者がやっていた普通の解釈学ではなくて、刑事政策や犯罪者処遇につながっていくものであることが正当に評価された結果なのではないでしょうか。

西原　そうでしょうかね。

佐伯　ええ。やはりそういう面から先生に対する期待を法務省は持っていたのではないかとい

矯正協会

う気がいたします。

西原　最近矯正協会の会長を仰せつかったけれども、なぜ私に白羽の矢が立ったのか、私にはわからない。多分元早稲田大学総長である刑法学者というのにはある種の重さがあるからではないかと思っているのですよ。矯正協会にはもう一二八年の歴史がある。その会長には、民間人は一人もなっていないです。私が第四二代の会長ですが、初代は山縣有朋、第二代は清浦圭吾。戦前は司法大臣経験者がずらーっと会長に名を連ねているのです。大学人が会長になったのは戦後牧野英一博士が、初めてでした。ただ牧野さんはもう神様みたいな人ですし、元帝国大学の教授ですから、純粋の民間人とは言えませんね。しかも最近ではずっと検事総長経験者が会長になるのが慣習化していた。民間人の会長は一人もいないのです。

そのような中で、なぜ純粋の民間人が歴史上初めて会長になったかというと、民主党政権になってから矯正協会が「仕分け」の対象になってしまったからなのです。実は矯正協会の事業の中に刑務作業のための品物を購入し、そして作ったものを売る業務がどこかの段階から入ってきた。そんな業務は民間委託すればいいではないかというのが民主党の方針だったのです。

さらに高級官僚の天下りが民主党政権になって批判の対象になったことはご記憶のことと思います。最も天下りに問題があるのは、もともと特殊法人だったはずなのですよ。高級官僚が天下りしている特殊法人が、同一省庁から高級官僚が役員に天下りしている一般の業者と癒着して、本来ならばもっと安く済むのが高くなっているのではないかという問題は確かにあったのですね。ところが、全法人が問題になっちゃって、矯正協会についても仕分けの対象になっちゃった。現に刑務所製品を買う部分は民間に委託という結論になったのです。このままでは刑務作業製品を売る部分であるキャピックも民主党政権下では危ないということになった。これを防衛するために、天下りが批判の対象だったので、検事総長経験者の前会長が自ら身を引かれることになった。そこで後任会長には民間人の中で重い人を選ぶべきだということになり、元早稲田大学総長、元矯正保護審議会会長である刑法学者としての私に白羽の矢が立ったのだと推測しています。結局組織防衛のための人事だったのでしょうね。

結果はどうだったかというと、政権が交代したこともあって、今は仕分けの対象から外れることがはっきりした。現に昨年一月には公益財団法人になりましたから、この問題は遠ざかったと言ってよいでしょう。私はだから任務を果たしたと思っているのですけれども、民間人が会長になったことの意義も多少はあるように思うので、いましばらくお勤めしようと考えています。

井田　今日はこのぐらいにしましょう。

全員　ありがとうございました。

第四章　日中刑事法学術交流への傾斜

一　日本が敗戦に向けて転落する歴史とともに歩んだ生育歴

高橋　それでは、今日は最後のテーマである「日中刑事法学術交流」ということについてお話を伺いたいと思います。これまで先生は日中刑事法学術交流の中心的な役割を果たしてこられたわけですが、そのプロセスなどをお聞きしたいと思います。

まず、先生がまだ少年の頃、愛国少年だったと伺いましたが、そのあたりからお願いします。

西原　そうですね。私の刑事法研究・教育の経過を見ると、前にお話ししたようにドイツ刑法との関係から出発して、それに基礎を置きながら日本とドイツを舞台に仕事をしてきたのですが、一九八八年からそれに加えて、中国との関係の刑事法交流が始まりました。その年に上海で「日中刑事法学術討論会」を開催したのが初めで、それが何とその後今日までずっと続いているのです。むしろ日独交流をはるかに上回る情熱をこめてそれを進めたのです。

どうして私の人生の中に突如として日中刑事法学術交流が入ってきたのかを考えてみますと、やはり私の成育歴の中にかなり重要な要因がいくつか隠されているのですね。それに触れないと、なぜ私が日中刑事法学術交流に手を染めるようになったかが十分ご理解いただけないと思うので、少し昔の話をさせていただきます。

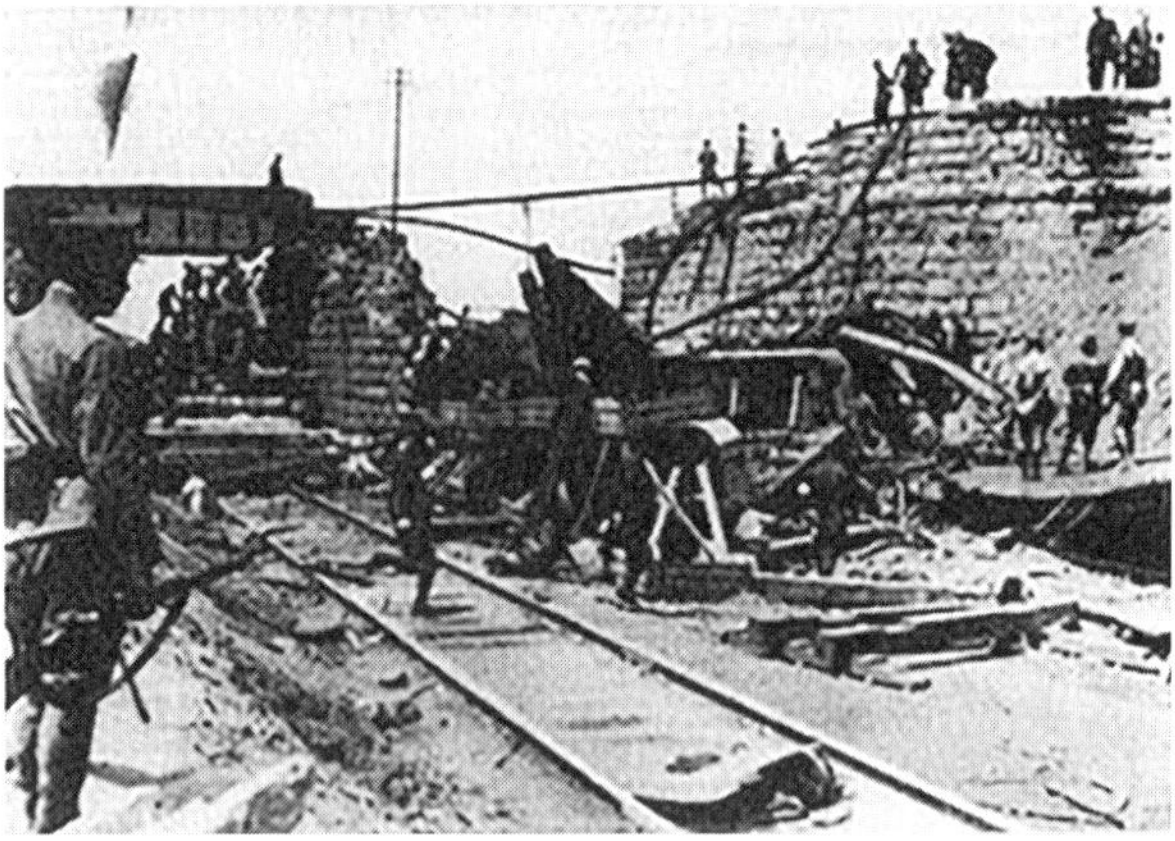

張作霖爆殺事件
※読売新聞戦争責任検証委員会編『検証戦争責任Ⅱ』8頁より転載。

私が生まれたのは昭和三年、一九二八年でした。後から歴史を振り返ってみますと、その年はまさに日本が太平洋戦争したがってその敗戦に向かってまっしぐらに転がりはじめた時だったのですね。国内的に見ますと、私の生まれた二日後三月一五日に共産党員一六〇〇人の一斉検挙（三・一五事件）があり、また緊急勅令による治安維持法の改正、内務省に特別高等警察課（いわゆる特高警察）の設置が行われました。まさに言論弾圧の基礎が築かれた年なのです。

国際的な出来事を見ますと、第一次世界大戦後の日本の植民政策の重要な一環である山東半島問題に関連して第二次山東出兵、済南事件が起こっており、後に満州の建国につながっていく張作霖の爆殺事件が行われたのもその年でした。まさにそういう年に私は生まれているのです。まったく偶然だけれども、そういう日本の宿命をどこかで一身に受けて生まれ、育ったのだと言うほかありません。

したがって、たとえば日本の軍国主義の進展に大きな影響を及ぼした二・二六事件は私が小学校一年生の時でした。家も学校も吉祥寺ですから、現場からは遠いけれども、実は生徒の父親一人、祖父一人が犠牲者になっているのです。私の姉の同級生の親が、射殺された陸軍教育総監渡辺錠太郎大将なのです。また現場に近いところから通っていた同級生がいましたので、当時の現場の物々しい状況を聞いたりして、事件は非常に身近に感ぜられました。

引き続いて日中戦争（当時は支那事変と言った）が始まったのが小学校二年生のときです。この年回りから見ても、私が日本の軍国主義、国粋主義がどんどんと進むさなかで成長したことがよくわかると思います。私はどっちかというと素直なほうですから、当時親や先生や世の中で言われていたことをまともに受け入れて、一口でいえば文字どおり愛国少年だった、こういうことなのですね。したがって、当時の戦争は正義のための戦争であり、いわゆる聖戦だというふうに本当に思い込んでいたのです。非常に失礼な話ですが、昔は中国や韓国はりっぱな国だったけれども、今は発展から取り残されて、日本に従属してしかるべき劣等な民族なのだと信じ込んでいました。これは今でも言える、教育のおそろしさの結果ですね。

二　終戦時の衝撃と一七歳少年の想い

西原　ところが、昭和二〇年（一九四五年）の八月一五日、敗戦となって、その後、何年かする間にわれわれが親や先生から学んだこととはまったく違う事実、とくに日本が中国・韓国などで行ったいろいろな行動が報道されるにおよび、それらは愛国少年だった私にとってはものすごい衝撃だったのです。これは皆さんにはおそらく想像がつかないことだと思うのです。つまり、「価値の転換」という言葉がありますが、こんな大きな価値の転換を味わったのはおそらく明治維新に次いでその時しかないだろうと私は思うのですね。

今まで正しいとされていたことが間違っていたことになり、悪いことだとされていたことが実はいいことだったということが明らかになったときの、素直に育った少年の衝撃がいかに大きいか。しかも一七歳という、ある程度物事が分かっていて、しかしやっぱりまだ完全に大人になり切れていない、人生の中でもっとも多情多感な時期にそういうことを味わったというのは、これも私にとって一つの宿命だった。

そこから実はいろいろなことが生まれてくるのですが、私が通説にあまり従わず、通説をどっちかというと批判しながら自分の刑法学を作ってきた根源が実はそこにあったのです。つまり、終戦によって味わされたのは、国民みんなが、先生も大人も国民全部が正しいと思っていたことが正しくなかったということなのですよ。ということは、これからもみんなが正しいということにはどこかうさん臭いところがあると受け取らないと危険なのだということ、それを思い知らされたのです。しかも一七歳の少年ですから、非常に激しく反応した。そこから生まれてきたのは、大人不信の感情とともに、「みんなが正しいと言うことには、必ずどこかにいかがわしいところがあると思え」という教訓でした。これが実はその後、私が通説に対してどこか距離を置いて、通説が、みんながいいと言うことにはどこか問題があるはずだと考えるようになった根拠なのです。

たとえば共謀共同正犯について、共謀共同正犯を認める共同意思主体説は個人責任の原理に反すると言って、みんなが寄ってたかって批判しているけれども、ではその通説は一体、個人責任の原理を徹底しているのか、そこを突っ込んで研究しなくては、この問題が解明できないという着想が出て来たのも、そういう終戦直後の想いの産物ではないかと私は後から思っているのです。

それはそれとして、私がその当時、たとえば中国とか韓国などの周辺の諸国について考えたのは、これは大変な損害を与えたということなのですね。日本語で言うと迷惑を掛けたというほうが実態に合っている。ところが、迷惑っていうのは中国語や韓国語からすると軽い言葉らしいのですね。そんなところから、言葉自体が問題になった経緯があるけれども、それはとにかく有形無形大変な損害を与えたことは動かし難い事実だ。したがって、これは国民全体として、あるいは国全体として、そういう国に対しては償いをしなきゃいけない。こう思ったのですね。今保守系の方々がそういう考え方は「自虐史観」だといって批判するけれども、これはもう私の率直な気持ちなのですね。当時からの率直な気持ちで、今も決して変わらない。しかも恨みというのは三代続くといわれているのです。三代続くと。したがって、日本は今の世代だけではなくて次の世代にもわたって償いを続けなくてはいけないというのが当時の想いでした。

しかし、「今は一七歳の少年だから何もすることができない」、「いずれ大きくなったら何かの形で償いをすることができるようになるかもしれない。その時までに今の気持ちを忘れないでおこう」というのが当時の私の考え方だったのです。そこからいろいろなものが生まれてくるし、「日中刑事法学術交流」を始めた背景にもそういう若き日の、一七歳当時の想いが表れていたのかなというふうに考えています。

高橋　当時、先生は高校生ですが、学校の中で雰囲気などが変わったとか。学校の先生とか、システムとか、何か変わったのでしょうか。

西原　それは、みんな戸惑っているのですよ。考えてみれば、間違ったことを生徒に教えたことになっちゃうのですからね。だけれども他方私は、先生たちもまた私と同じように洗脳されたのだということをやっぱり感じているのです。だから一方的に責め立てる気持ちにはならない。大人不信という気持ちは残ったけれども、責め立てる気にはならなかったというのが実際ですね。

井田　終戦を境に、それまでは偉そうにしていて、学生に対しては権威主義的に接していた先生が、急にその態度が小さくなって卑屈になったというような変化はあったのですか。

西原　そうですね。たとえば、かつての軍事教官だった人がその後も学校に残っていたのですけれども、卑屈にはなっていなかった。けれども前とは随分違った。そういうことに対して、私としては何となく人間としては理解ができるので、責め立てたり非難したり馬鹿にしたりする気持ちにはならなかったですね。いろいろな思いはあったのだけれども、終戦に至る一つのイデオロギーの思想体系には根本的などこかに大きな穴があったのだ、しかしふつうの大人には中々気づきえなかったのだということを、やはり未熟ながら私は感じとっていたのでしょうね。私は他人の心もわかる文学少年でしたから。ただ戦前すでに説を成していた学者が、戦後になって反省なくそれを一擲し、基本的人権万能を説くに至ったときは、その学者は信頼のおけぬ人だと低く見ています。

井田　逆に、生徒たちが先生方を批判する、これまでウソを教えてきた、反省しろと攻撃するというような雰囲気もなかったのですか。

西原　全然なかった。それはないです。やっぱり全部がやむをえなかったのだと思ったのでしょうね。いってみれば先生たちも親たちも私たち子どもと同じような被害者的側面があったのだという、一種の同感する気持ちがあったから、心の中では反発はあったけれども、表立った反発はなかったのだと思います。ただそれと「大人不信」とは別なのです。

三　北京大学との学術交流協定締結のための初訪中

1　北京大学からの提案

高橋　それでは、具体的に今度は中国との関係についてお聞きしたいと思います。まず、早稲田大学と中国の関係が始まるわけですね。

西原　私と中国との具体的な関係が出てきたのは一九八二年でした。ちょうどその年の六月に総長選挙があったのです。交代は一一月四日だけれども、選挙は六月にあった。それで、私が、いろいろないきさつから総長候補者に挙げられ、選挙で当選したということがあった。一一月までは前の総長の下で教務担当常任理事を続けるという立場にあったのですが、その年の一月、在日中国大使館を通じて北京大学から早稲田大学と学術交流を結びたいという提案が伝わってきたのです。

今では多くの日本の大学が中国の大学と交流をしており、早稲田大学も何と五〇校以上の中国の大学と何らかの協定を結んでいます。ところが、当時は中国の大学として日本の大学と学術交流を結びたいというのはそれが初めてでした。日本も中国の大学と学術交流を結んでいるところはないという、そういう状況だったのです。私個人としては、その話を聞いたときに、これは前向きに受けとめるべきだと思ったけれども、この点については中国通の先生方に相談しなければいけないと考えて、当時、政治経済学部の教授で中国政治経済史の専門家だった安藤彦太郎先生と、その奥さまで、たまたま法学部で中国語を教えていらっしゃった中国文学の岸陽子先生に相談をしました。結論は、受けるべきだということになったので、大学として必要な手続を取り、総長候補者選挙が終わった六月に北京大学に交換協定の調印のために初めて中国を訪問しました。私はそれ以後、今日まで六〇回ぐらい中国へ行っているのですが、初めての中国旅行がそのためだったのですね。

2　早稲田大学と中国との関係

西原　ところで、なぜ北京大学が数ある日本の大学の中で早稲田大学を選んで協定を結ぼうとしたかというと、早稲田大学と中国との間には非常に長い密接な関係があるのです。それは一言でいうと創立者の大隈重信の考え方の表れでもあったのです。

ここに慶応の井田さんがいらっしゃるけれども、慶応義塾大学では創立者の福澤諭吉先生が「脱亜入欧」という考えを採られた。これは大隈さんが「東西文明の調和」ということを主張するよりかなり前の時代で、明治維新前後の頃のことでした。当時からすると、少なくとも日本人は欧米のような合理的な思考方法を身につけなければいけない。そうしなければ日本は先進諸国の植民地になってしまう。日本の独立確保のためには合理主義的な精神の持主、とりわけ経済の分野で活躍できる人材を養成しなければならないということで設立されたのが慶応義塾大学でした。したがって、そこからは、封建主義的な思想はできるだけ避けて、そういう封建主義にまみれた近隣の諸国とはしばらく付き合わないほうがよい。合理主義を貫いている欧米と親しくすべきだという「脱亜入欧」の主張が当然生まれてきます。それは少なくとも当時としては非常に分かりやすい考え方だったのでした。

しかし、明治維新が一応成功して、だんだん日本がアジアを含む国際舞台に躍り出てくると、それだけではやっていけないという考え方が出てくるのです。とくに大隈さんは東西文明の調和ということを非常に強調された。チグリス・ユーフラテスの河畔で生まれた人類の文明は西と東に分かれて進んできた。片方は、ヨーロッパを越え、大西洋を渡ってアメリカにたどり着き、そしてアメリカ大陸を横断して太平洋を渡って日本へ到達した。東へ向かった流れはシルクロードを通ってインド、そして中国・韓国というアジアの文化の影響を受けながら日本に到達した、そこで両方の文化が日本でぶつかったと、そういう見方をするのです。その上で、そういう日本は両方の文化のいいところを取り入れて国を発展させるべきだという考え方をとり、東西文明の調和ということを大変強調された。

そういうこともあって、孫文が革命に失敗して日本に亡命した時には度々大隈さんの屋敷を訪ねて協力を要請し、大隈さんもこれに大変な援助をされたと伺っています。そういうこととの関係で、日清戦争が終わったとき中国政府は、反日にはならないで、むしろ日本の文化を至急学ばなくてはいけないということで、日本にたくさんの留学生を派遣したいと申し出て、日本政府もこれを受け入れて、各大学に「清国留学生部」を設置してほしいという要請を出した。早稲田大学はかなり早い時期に清国留学生部を設置して、非常に多くの留学生を引き受けた、こういうことがあったのです。

当時そういう流れの中で、早稲田大学は単に留学生の受け入れだけではなくて、中国の研究と中国語の教育にかなり力を入れるようになりました。具体的な名前を挙げると、青柳篤恒という、日本でのその方面の開拓者とでも言うべき大先生が早稲田にいらっしゃって、非常に多くの、中国語ができて中国と関係を持つこととなる人材を育てられたようです。たとえば松村謙三、中野正剛、緒方竹虎といった政治家たちが青柳門下から生まれているのですね。

そういうことで留学生の受け入れ、中国研究および中国語の教育ということでかなり進んだ大学になった。また、そういう評価が中国へ反映して、中国の優れた若者がどんどん来るようになった。その中の一人の典型が李大釗ですね。李大釗は後に中国共産党を設立した創設者の一人で、毛沢東に社会主義を教えた人と言われているのですね。一九一四年（大正三年）に早稲田大学政経学部に留学をして、早稲田大学の近所にある、今の、何と言ったっけ、キリスト教の……アバコブライダルホールのそばにある……。

高橋　奉仕園ですね。

西原　その奉仕園の隣にあった信愛学舎というキリスト教系の宿舎(戦争中疎開のため取り壊し)に住んでいた。その、いわば舎監の役割を演じておられたのが安部磯雄だったのです。キリスト教的な社会主義で、マルクス主義ではないのですけれども社会民主主義の思想家である安部磯雄先生が舎監的な役割をしておられて、李大釗は授業からというより、むしろ日ごろの接触の中から安部磯雄の影響を受けた、こういうふうに言われているのです。

ただ三年生の半ばごろに授業料未納抹籍ということで帰国するのですが、授業を怠けたというのではなくて、ちょうど大隈さんが内閣総理大臣時代に中国に対して「二一カ条条約」を突きつけた。これが中国人の屈辱感を刺激して、中国でも日本でも反対運動が起こったんですね。彼は東京で神州学会という組織を作り、また早稲田の中にも中国政治経済学会を組織し、授業にはほとんど出ずに抗議運動に身を投じたのです。そういうことから前記の処分を受けることとなり、大正五年（一九一六年）五月には中国へ帰ってしまいました。

しかし、帰国後しばらくたって彼は、北京大学の教授、二十歳代で北京大学の教授になり、二十歳代で図書館長にも就任しているのです。そして北京大学図書館長時代に、図書館長室の隣に

李大釗銅像（北京大学キャンパス）

かなり広い会議室があって、そこに北京大学のいろいろな若手を集めてひそかに社会主義の講読会をやった。その中に何らかの資格で毛沢東がいた、こういうことがあったのですね。

李大釗は日本時代にはあまりマルクス主義者ではなかったらしいのですけれども、帰ってから、とくに一九一七年のロシア革命以後次第にマルクス主義の影響を強く受けるようになったので、その講読会もその種の本の講読会であったらしいし、毛沢東もその影響を受けたらしいと言われているのです。現に彼は、例の二一カ条条約に反発する五四運動のリーダーとして名を馳せたあと、一九二一年には上海で中国共産党を創立、その指導者になり、一九二七年、蒋介石政権によって処刑されてしまうのですが、そういう李大釗が早稲田で学んだということ、これは公にされているのです。

実は、数年前に李大釗の北京のお墓参りに行ったのです。やはり早稲田の大先輩ですから。そうしたらお墓の背後に李大釗記念館が建っているのでその中へ入ってみますと、驚いたことに早稲田大学の大隈講堂の大きな写真が飾ってある。その脇に彼が日本で学んだ本の表紙がずらーっと並んで写っている写真の額がかかっているのです。実をいうと大隈講堂というのは、李大釗がいたころはまだなかったのです。李大釗が暗殺されてから後、関東大震災のあとの昭和二年（一九二七年）に建ったのですから。でも、やっぱり早稲田大学に学んだのだということを示すためには、中国でも有名な大隈講堂を出すのが一番いいんでしょうね。

井田　〔ノートパソコンを示しながら〕ここですか。李大釗記念館。ウェブサイトがあるのですね。

西原　そうそう、そこなのですよ。そういうことで、言ってみると中国の識者の間には、早稲田大学というのは毛沢東に社会主義を教えた先生の学んだ大学だというレッテルが貼られているのですね。これは大変強烈です。理由はそれだけではないのですけれども、それが中国民衆の早稲田大学に対する評価の核心にあるということは疑いないだろうと、こう思います。

井田　近年、慶応義塾も中国との交流に力を入れようとしているのですけれど、中国では全然無名なのです。早稲田だけが有名なのです。知名度がないので苦労しているということがあります。

西原　早稲田にはもう一つ有利なことがあって、中国人から見ると「慶応」っていうと何のことか分からないでしょう。

井田　はい。

西原「早稲田」っていうと何か失われた、古き良き時代の面影が浮かんでくるらしいのですね。

高橋「稲」がですね。

西原「稲」が。面影が、こう浮かんでくるとともに、やっぱり早く稲が実るというのは英才が集まる大学だというイメージがどこかあるのですよ。つまり、ある種の親近感を覚える名前なのですよ。そこにも違いがある。

井田　慶応も名前変えなきゃいけない（笑）。

西原　そういうわけにはいきませんよね。それはそれとして、私が総長に選ばれた選挙の年一九八二年の一〇月二一日、だから総長に就任する直前に早稲田大学は、創立百周年の記念式典を行なったのですが、その席上、何人かの外国人の方々に名誉博士を差し上げようということになりました。そこで、当時長年交流をしてきたボン大学とか、パリ大学の学長の名が上がったのですが、私は理事会の中で常任理事として、中国から一人選ぶべきだと提案し、廖承志さんという方を推薦したのです。この方は当時の中日友好協会の会長で、話せば長くなっちゃうのですが、一九二七年に早稲田大学の附属高である当時の早稲田大学第一高等学院に入った。そのお父さん、

廖承志先生

廖仲愷という方は、文字どおり孫文の片腕として活躍され、革命政府ができた後、広州で暗殺されたのですが、その廖仲愷も実は早稲田の高等予科に学んでいる。どういうわけか大学は中央大学に行っているのですが。

井田　そうですか。

西原　その理由はわからないのですけれど、とにかく高等予科には学んでいるのですね。それで、その息子の廖承志さんは高等学院在学中に政治活動をやって、二回逮捕されて、三回目の逮捕のあとに国外追放になっちゃった。ちょうど私の生まれた昭和三年ですから、まさに共産党員狩りの真っ最中に共産党活動をやったわけです。だから、早稲田としては放っておいても当然な状況だったのですが、当時の担任の先生がそのつど警視庁に保証人としてもらい受けに来てくれたということがあって、しかも早稲田大学は退学ではなくて、授業料未納抹籍という処分にしてくれた。授業料未納抹籍というと、授業料をまた払えば復学できるという余地を持っているわけですから、廖承志はそういう早稲田大学の態度を大変高く評価したらしく、まだ国交回復前の六〇年代にお世話になった担任の先生ご夫妻を中国へ呼んで大変手厚くもてなしたということがあったようです。のみならず彼は、中日友好協会の会長として松村謙三、石橋湛山、川崎秀二といった早稲田出身の政治家と連携して、日中国交回復の下準備の努力を重ねたと私は伺っていました。そういう事情から廖承志さんに名誉博士を差し上げたのです。そういう早稲田大学と中国との長い歴史の発展の中で北京大学との交換協定の締結の話が出てきた、長い話でしたが、こういう背景があるのですね。

3　北京大学での挨拶とその効果

西原　そこで、ちょっと先ほどの一七歳の少年の話へ戻りますけれども、実は北京大学へ調印に行ってみますと、何となく雰囲気が硬いのですよ。こっちも何となく硬かった。つまり、一九八二年というと文化大革命が終わってからまだ五年しかたっていないのです。世の中は今みたいではないのです。まだ文革時代というか、共産主義的な意識がそのまま残っているような社会です。それで、何となく向こうも硬いしこっちも硬い。そういう中で、早稲田大学の代表としての挨拶を、先ほど申し上げた、私の一七歳の想いから出発したのですね。そして次のような話をしたのです。「私は経済人ではないから、お金でもって償いをすることはできない。政治家ではないから、政治という形で償いをすることもできない。しかし今、私は日本に影響力のある大きい大学の代表者となった。日中の学術交流の推進という形でもって中国に対して何らかの貢献のできるような立場になった。今日、私はあの一七歳当時の想いを引っ提げてここに参りました。」と、こういう話をした。そうしたら、それがものすごい反応を呼んで、硬い雰囲気が一遍に和らいでしまった。何といいますか、沸き立つような雰囲気になったのです。たとえば向こうの外事処の人たちの中には、「早稲田大学は裸になった」「人間と人間は裸にならなければ付き合いができない」という言葉さえ出て来たのですね。そういう言葉が出るぐらいに心の交流が一遍に高まったということがありました。

その証拠がもう一つあるのです。ご記憶かどうかわかりませんが、その年のまさに私どもが帰国した直後に、教科書問題というのが起こったのです。今まで教科書が「侵略」という言葉を使っていたのをやめたのですね。そこで中国・韓国からものすごい反発が起こって、当時としてはおそらく最悪と言ってもよいような状態に陥ってしまった。国定教科書ではないから、国がやったわけではないのですけれども、国の方針が反映したと見られたから、やっぱり国として対応しなければいけないというので、政府も中国・韓国へ特使を派遣したりした。とにかくそういう出来事が直後に起こっちゃったのですよ。それで、私はせっかく中国を代表するような大学の北京大学と大変親しい関係ができたのに、北京大学もきっと怒っているだろう、せっかく締結した学術協定も取り消しになるのではないかと思って心配していたのですね。そうしたら、ちょうど夏休みが終わったころに、一夏北京大学に研究に行っていた先生が帰国をされて、私のところへ電話がかかってきて、北京大学の外事処から先生に伝言があると言うのですよ。だから、ぜひお会いしたいと。それで私は、いよいよ協定は破棄かなと覚悟して、その教授が来るのを待っていたのですが、その教授の言葉を聞いて私は本当に驚いた。

こういうのです。「国と国との間、政府と政府との間がどうなろうとも、私ども北京大学は少なくとも先生の率いる早稲田大学は絶対に信用しているとお伝え下さい。」と、こういう伝言なのですよ。私は涙を止めることができませんでした。これがやっぱり日中交流の根幹なのですね。自虐というふうに言う人もいるけれども、やっぱり激甚な侵害を与えたのが日本で、受けたのが中国なのです。戦争にはいろいろな名目、名分があるとしても、大変な損害を受けた民衆にはそれはまったく意味を持たないのです。これは逆の立場に立って考えればすぐわかることです。そのことについてのきちんとした反省の念の上に立った日中友好でなければ、向こうは決して心から信用しないということが、その言葉から伝わってきたのですね。私はその言葉に大変感銘を受けて、現に北京大学と早稲田大学とは今もそういう精神で学術交流が継続しているのだろうと推察しています。そういうことがあったのですね。

四　上海市対外友好協会李寿葆会長と日中刑事法学術交流開始決定

1　上海市対外友好協会からの講演招待

高橋　その後、刑事法の交流に特化していくわけですね。

西原　そうですね。私と中国との関係は、今申したように、しばらくは早稲田大学総長として中国の大学との学術交流協定を結ぶことが中心だったのですね。ところが、先ほどお話しした安藤彦太郎先生、この方は中国と大変関係の深い方で、いろいろな方法によって早稲田大学と中国の大学あるいは組織との関係の深化に努力をされた方なのです。私は知らなかったのですけれども、上海に対外友好協会というのがあった。これは上海市政府と大変密接な関係があって、人事も行ったり来たりという関係がある、そういう組織でした。大きい都市にはこういった対外友好協会があるのですけれども、上海が一番お金持ちといわれていた。その上海市対外友好協会と、もう一つは先ほどお話しした廖承志さんが会長をなさっていた、北京にある中日友好協会、その二つの通訳を早稲田大学へ呼んで、日本語の再教育と、それからその期間中にいろいろな日本事情を勉強してもらうというプロジェクトが安藤先生の提案で動き出していたのですね。

そういうこととの関係で、総長になってからちょうど四年目の一九八六年に上海市対外友好協会から講演に呼ばれた。そして、そこで初めて会長の李寿葆先生にお会いしたのです。李寿葆会長は顔も一般の中国人とはちょっと違うタイプで、しかも中国のキリスト教関係の団体の長をやっていらっしゃり、アメリカとの関係も深い、こういう方で、非常に考え方が広い方でした。それで、たちまち意気投合して、講演の翌日に、近くの抗州と、紹興ってあるでしょう。お酒の紹興……。

高橋　紹興酒ですね。

西原　紹興酒の出来る紹興。文学者魯迅や女性革命家で有名な秋瑾の生まれた町なのですね。そこへ案内して下さったのです。大変素晴らしい水の都なのですよ。そこへ行く汽車の中でいろ

李寿葆先生と筆者

んな話をしている中で、私は李寿葆会長に日中刑事法学術交流を始めたらどうかという話をしたのですね。

2　中国における刑事法

西原　刑法というのは国の基本法ですから、普通だと新しい国家ができたらすぐにまず憲法と刑法と刑事訴訟法、民法ぐらいは制定するというのが当たり前でしょう。ところが驚くべきことに中国では、国ができたのが一九四九年なのに、一九七九年、文化大革命が終わるまで刑法や刑事訴訟法がなかったのです。それには理由があって、本来秩序というのは法律ではなくて、道徳が担うべきだと。それで、社会主義倫理でもって秩序は保つべきなのだと。したがって、裁判所というのは法律に基づいた裁判所ではなくて、いわば人民裁判によって人民の意向を反映しつつ処罰とか、損害賠償とか、そういうものは行われるべきだという毛沢東の考え方が反映したのでしょうね。だからこそ三〇年も法律が、刑法がなかった。刑事訴訟法もなかった。

ところが、文化大革命の間にいわゆる紅衛兵が大暴れして、特権階級とか資本家とか反革命分子と見られた人が激しく糾弾されて、そこにはものすごい人権侵害が起こった。そこでさすがの中国も法律がないとどんなにひどいことになるかということが分かったわけですよ。そこで、文化大革命が終わるや否や刑法と刑事訴訟法の制定をした。これが一九七九年ですね。建国後初め

李寿葆会長（左）（抗州への車中）

て刑法が制定された。

3　刑事法学術交流の提案と実施

西原　そこで私は李寿葆会長に話をしたのです。「考えてみると、まだそれから一〇年しか経っていないけれども、もう一〇年経ったともいえる。そこで、日本と中国とでは思想も法律制度も違うけれども、刑法なんていうのは人類共通の部分もあるのだから、日中で刑事法学術交流を始めたらどうか。」と。予想ではおそらく「それはいい考えですね。考えておきましょう。」というぐらいのご返事が返ってくるかと思いきや、「それはいい考えだ。来年やりましょう。来年やりましょう。」とおっしゃるのです。「来年やりましょう。お金は対外友好協会から出します。」、そういう即決の回答が出てきてびっくりしたのですね。それで、とにかく上海でやるということで帰国をして、当時、刑法学会の理事長をしていた今

日中刑事法学術討論会

法務省特別顧問の松尾浩也さんとか、普段から仲の良かった宮澤浩一さんに相談をしたところ、それはぜひやるべきだということになった。ただし、来年というとちょっと大変だから再来年にやろうという方向になって、現に一九八八年に上海で「日中刑事法学術討論会」というのが開催された。

　これは戦後の歴史だけではなくて、日中の歴史の中で初めての出来事だったのです。法分野のしかも刑事法っていうのは、刑法だけではなくて刑事訴訟法や刑事政策、つまり裁判や刑務所、そういうところも含んでいるのですから、そこには非常に敏感な問題が含まれているわけですよ。とくに中国の死刑はあまりにも乱用し過ぎだという世界的な批判もあったし、また捜査や裁判所における被疑者、被告人の人権に対する配慮についても厳しい批判が提議されていたさなかにこの討論会ができたというのは、ひとえに李寿葆会長の高い見識と先見の明によるものだと感謝、敬服しています。

日本側からは松尾さん、宮澤さんにもご参加いただいたけれども、中国側に対しては上海でやるけれども上海の学者だけではなくて、中国の一流の学者を集めていただきたいと要望し、事実そういう方々も集まって大変いい討論会ができたと思います。もっとも初めてのことですから、両国の制度が一体現在どうなのかに重点が置かれ、こういう経過の下に現在こういう制度ができ、こういうふうに運用されているという現状報告に終始したことは事実です。ただ最初のことだからそうなるのは当然だし、やっぱりほかでは知られない情報がそこには提供されたりして大変有意義でした。

五　日中刑事法学術討論会のその後

1　最初の日中刑事法学術討論会後の継続の提案

西原　私どもとしてはずっとやるつもりではなかった。少なくとも一回やろうと考えただけだったのですけれども、討論会の終わった後、中国側からこれは大変有意義だったので、ぜひ第二回目をやってほしいという希望が出て、少なくとも第二回目をやろうという話になり、翌年の一九八九年に東京で開催する、こういう予定になったのです。

　ところが一九八九年にご承知の天安門事件が起こった。あの天安門事件の影響は想像以上に大きかったのです。日本の国内にも影響があったのですよ。天安門事件で追われた人とか、天安門事件には参加していないけれども、過激な思想に同調する人たちが日本にもいるのですね。そういう人たちの中で、あの天安門事件を弾圧した政府と関係がないにしても、刑法というのは国家権力ですから、日中刑事法などというのをやるのはけしからんという批判も日本国内で出てきたのですよ。中にはやったら壊すというような動きもあったのですね。そういうことがあったので、しばらく延期するしかないということで向こう側にも了承を頂いて、翌々年、一九九〇年の三月、普通は六月にやるつもりだったけれども、三月に早稲田大学で第二回を無事開催することができました。これがまた大変評判が良くて、これはもう継続的な討論会にしようということになり、場所は日中交互に一年置きにやるということが決まった。そういうやり方の日中刑事法学術討論会が第六回、一九九八年に愛知大学で開催した第六回まで続いたのですね。

　非公式の日中刑事法研究会というのを作って私が会長になり、そして意外と言ったらちょっと言い過ぎかもしれませんけれども、たとえば、松尾さん、宮澤さんのような私と同年輩の仲間だけではなくて、亡くなった西田典之さんをはじめ、山口厚さん、伊東研祐さんといった東大系の先生方が非常に積極的に協力をして下さったということがあり、第六回まで一定の方式でもって討論会が行われました。そして第七回から少し方針が変わることになったのです。

高橋　日中の討論会の成果は、成文堂から出版されています。『日中刑事法学術討論会報告書・全一〇巻』で、第一巻から第六巻までは「中国刑事法の形成と特色」という共通の標題がついており、第七巻以降はそれぞれ個別の研究テーマが標題になっています。

西原　そうですね、これは大変有難かったですね。第六回まではすべての中国側報告書の日本語訳が、第七回以降は日中両国のすべての報告が収録されて、プログラムも完全に記録されていますので、会議録としては完璧なものでした。一〇巻並べると、継続は力なりという言葉を実感します。

2　中国側の変化

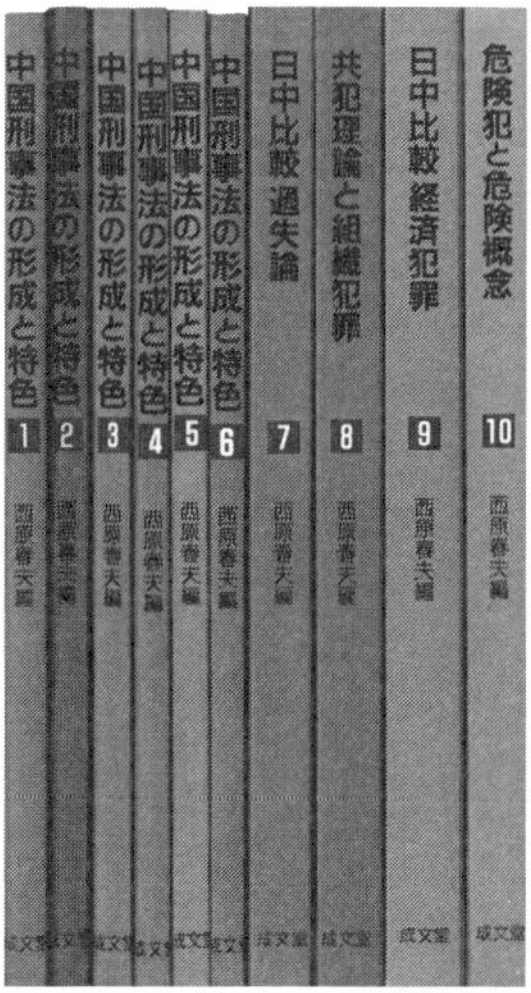

日中刑事法学術討論会
報告書・全10巻

高橋　私も何回か参加したのですが、中国の議論のレベルもかなり上がってきたという感じがしています。最初の頃と、だんだん変化してきたということもありますか。

西原　そう。一九八八年に始まった最初の頃は、何といいますか、テーマは違うのだけれど、みんなが同じような報告をしているような感じだったのです。つまり、反革命勢力を打倒するとか、国の方針に従って悔い改めさせるとか、改善更生の内容は思想教育なのです。そういうところになると急に元気になって、声が大きくなる。だから、言ってみると党や政府の綱領みたいなものが正面に出てきていたのですね。事実の説明は確かに客観的に行なわれ、それが基礎にあるのですけれども、そういうところは淡々と報告される。

それが変わってきたのが一九九〇年代の半ば頃です。どう変わってきたかといいますと、それまで中国の人たちはみんな、何といいますか、一枚岩なのですよ。つまり、皆さん同じような見解を述べている。ところが、一九九〇年代の半ば頃になると中国人学者同士で議論が始まるのですよ。「あなたの言っているのは違う。」とか。それから報告の中に「この点についてはA・B・C、三つの説があって、私はこういう理由でB説を採るのだ。」というような説明が、それまではなかったのが九〇年代の半ば頃になると出てくるようになった。これはすごいことですよ。まだ一〇年も経たないうちに学問の射程距離がものすごく広がってきたし、思想の自由、表現の自由も格段に広がった。もちろん社会主義国ですから制約がまったくないといったらうそで、共産党そのものや政権の基本思想についての批判というのは許されない。しかし、その範囲内では相当に言論の自由が確立してきたということははっきり言えるのですね。そういうことから、学術がこの一〇年の間に急速に発達してきたということが、その討論会にも表れていたのです。

3　開催方式の変革

西原　それで、二〇世紀最後の討論会は一九九八年に行なったのですが、ちょうどそのころから、ほかの都市、たとえば北京とか武漢とかの学者が、「上海だけではなくて、うちでやって欲しい」と言い出すようになった。なぜ上海で始めたのかというと、私には理由があって、上海市対外友好協会がお金を持っていて、相当な資金を投入して立派な会を催して下さったということがあったばかりではなくて、少なくとも当時は北京と上海とでは思想の自由度が違うように感じていたのですね。したがって、改革開放後ではあるけれども昔流の、思想が統一されていた時代の影響度を前提にして考えると、より自由のある上海で経験を積み重ねていったほうがよかろうという思いもあったのです。今でも上海から出発したのは、間違いではなかったと思っているのですが、だんだんと言論の自由が広がり、学問が発達するにつれて、ほかの都市でもやって欲しいと思うようになったのは当然と考えられてきた。それだけでなく、スポンサーの上海市対外友好協会の会長が交替して、以前のような熱意が感ぜられなくなったのも一因でした。

そこで第七回目は北京大学を当番校にしてやろうということになった。そしてそれを契機に組織替えもして、中国側では中国人民大学の大先生である高銘暄先生が会長、当時人民大学にいた趙秉志教授が事務局長になって一定の組織をつくって対応するということになった。そして、参加する学者は全国規模とするけれども、開催場所は持ち回りにしようということに決まったのです。

変革のもう一つは討論会のテーマです。それまではとくにテーマを決めていないのですね。テーマを決めずに、刑法・刑事訴訟法・刑事政策について何か特色のある問題点について相互に報告をしたというのにとどまったのです。しかし、第七回目からは刑法に限定し、テーマも一つに絞ってやろうということになった。そして、その第七回に北京大学で「日中比較過失論」というのをテーマにして行なったのです。これが通算第七回、二一世紀第一回です。

向こうとしては新しい制度によるものだということを強調したいから、北京の討論会を二一世紀第一回ということにしてくれと要望したのです。しかし、私どもとしては今まで積み重ねてきた六回の経験とか実績を重んじてもらいたいと主張して、「かっこ」として通算第七回日中刑事法学術討論会という形にすることになりました。

その後、第八回は武漢大学で「共犯理論と組織犯罪」について、第九回は日本・京都の同志社大学で「日中比較経済犯罪」について、第一〇回は吉林大学で「危険犯と危険概念」について、それぞれ立派な討論会が開催されました。第一〇回の討論会報告書の末尾に、第六回から第一〇回までの討論会の詳細が総括して掲げられています。中国がむずかしい国だということは、皆さん最近痛感しているでしょう。われながらすごいことをやったという思いですね。

ところが、第一〇回までいったところで、中国側でいろんな出来事があり、その影響で向こう

第７回日中刑事法学術討論会

の組織にガタガタが生じまして、今までの方式によるのはもうこれでいいのではないかということになりました。つまり、私としては、日中刑事法学術交流は完全にレールに乗った、これからはそれぞれの大学がやろうとすればできる、そういう状況になったと判断したのです。今後はそれぞれの大学の主体的な取り組みに任せても大丈夫だと思ったのですね。しかも私がいつまでもやっていると、私が倒れたときあとが続かなくなる恐れがあるので、だんだん後継者を育てなければいけないという趣旨から、日中刑事法学術研究会の会長も西田さんに譲って、そして各大学でやっていただくことになった。現にその後、たとえば日本側では東京大学（二〇〇七年）、中央大学（二〇一一年）で行われていますね。

高橋　今年（二〇一五年）は早稲田大学でやります。

西原　今年が早稲田ね。その間、中国でもやっているわけでしょう。

高橋　そうですね。東大と中大の間に中国人民大学が引き受け（二〇〇九年）、一昨年は西安の西北政法大学で行われました（二〇一三年）。

西原　そうだとすると、その後も順調に進んでいると言えますね。安心しました。私としては、約一五年くらいの仕事の中で、日中刑事法学術交流のレールを敷く役割は完全に演じ切ったなと自画自賛しているところです。

それで、私としては、本当は刑事訴訟法、刑事政策分野も同じ方式でやりたかったのですが、刑事訴訟法分野は中国では政界を巻き込んだ対立があるらしく、なかなか難しそうなのでしばらく敬遠することにしました。ただ、犯罪学についてはできそうだと感じましたので、すでに親しくしていた中国政法大学の王牧先生を会長とする中国犯罪学会を基盤とし、日本側では早稲田大学の石川正興さんに代表になっていただいて日中犯罪学学術討論会を発足させました。これも成文堂から成果が出版されています。おそらく今まで三回ぐらい行なったのですね。二〇〇六年に四川省綿陽市で行われた中国犯罪学会の中に「日中学術交流セッション」というのを設けていただき、実質的にはそれが日中犯罪学学術討論会の予備会議になったのですが、そこには私も参加し、挨拶もし、報告もしています。佐伯さんはこれに参加して下さっていますね。それ以後、私はあえて参加しないようにしていますが、それを発足させるについては私がいささか努力したということがあるのをお認めいただきたいと思います。

佐伯　綿陽で行われた会議には私もご一緒させていただきました。会議自体も刑事政策分野における初めての日中学術交流として印象深いものでしたが、会議後に先生方と四川省の三星堆遺跡を見学させてもらったことも良い思い出になっています。日中犯罪学学術討論会は、石川先生を中心として現在まで順調に続き、多くの研究成果を挙げていますが、西原先生が築かれた中国の先生方との信頼関係の賜だと思います。

4　中国での傘寿祝賀刑事法学術討論会

高橋　先生ご自身は中国で何回も講演されて、傘寿の時にはお祝いの記念のシンポジウムも中国で開催されました。

西原　そうですね。ちょうど八〇歳になった平成二〇年（二〇〇八年）に、これは驚くべきことですが、中国で私の八〇歳を祝賀する刑事法学術討論会というのを開いて下さったのです。日本からは高橋さんも参加して下さったのですが、中国側では馬克昌、高銘暄という二人の長老、陳興良、張明楷という二人の中堅をはじめ、これぞといった学者がズラーッと顔をそろえて下さった。これはもう考えられないことですよ。やはり私の長年にわたる苦労を中国側として大変評価して下さっていることの表れなのでしょうね。場所は……

傘寿祝賀シンポジウム

高橋　山東大学ですね。

西原　そうそう。私の親友の馬克昌先生の武漢大学での門下生で、当時山東大学助教授だった于改之さんがこのシンポジウムの開催を準備して下さったのですが、その後『刑法と道徳の視界交融』という、その時のシンポジウムの記録を中心として、中国語に訳されている私の論文とか講演も載せた本を中国で出版してくれたのですね。

さらにその前の年二〇〇七年五月には、武漢大学と西安にある西北政法大学という二つの大学で八〇歳の祝賀会、記念講演会を開いて下さいました。中国でも、外国人にこのような会をするというのはきわめて稀なことらしいですね。これは私にとって大変嬉しいことであり、光栄であり、誇りにさせていただきたいことだと思っています。また運もよかったと思えるのは、今のような日中の冷え込んだ状況の中では開催は難しかっただろうと考えられるからですね。

六　安田基金による知日派刑事法学者の養成

高橋　その他に、先生が、安田基金によって中国の若手刑法学者に対して日本で勉強する機会を与えられたのも特筆に値することだと思います。

西原　これ、高橋、佐伯両先生にも研究者を引き受けていただきましたが、平成三年（一九九一年）に旧安田財閥関係者より成る「和風会」が約一億円の寄付をして下さったので、それを基にして「安田和風記念アジア青少年交流基金」という公益信託基金が設立され、私がその運営委員会の委員長を仰せつかったのです。委員が三人いまして、一人は慶応の小此木先生、もう一人が上智大学の今井先生という女性の先生です。

そこで、基金の使い道について運営委員の間で話し合った結果、青少年交流基金というけれども、基金が一億円だからそう大規模なことはできない。奨学金の効果を考えてみると、学部レベルだとどうなっちゃうか分からない。大学院でも、マスターコースレベルでは成果がはっきりしない。一番効果がはっきりするのは博士論文を書いている真っ最中に日本に行って研究をしたいという人ではないか。そういう人の海外研究だと博士論文の基礎になり、博士号を得やすいだろう。博士になることによって就職もしやすくなるだろうということで、運営委員の三人で話し合って博士課程在籍中の方を中心に奨学金をできたら二年差し上げるということが決まった。その上で、当面あまり広げないで、中国・韓国、それからその他の東南アジアからそれぞれ一人ずつ選ぶということになった。たまたま小此木先生が韓国の専門家なので、小此木先生から韓国の方を推薦していただき、私は中国の学者の推薦をし、今井先生は東南アジアその他の国々から推薦をするという方式で発足をしたのです。

今回の座談会の中で偶然がいかに物事に影響するかという話がたびたび出たのですが、それに類する大変面白い話があるのです。ちょうど運営委員会の委員長を仰せつかった二週間ぐらい後に、私と関係の深いドイツのマックス・プランク外国・国際刑法研究所のイェシェック所長から手紙がありまして、「実は私のところで博士論文を作成した李海東という優れた中国人学者がいる。」、ところが、天安門事件の時にドイツでデモに参加し、それがテレビに映って当分国に帰れないことになった。「そこで私は李海東に言った。」と。「あなたは国へ帰って刑法をやるにしても、やっぱりアジアで刑法をやるからには日本の刑法の知識も必要だし、また日本語ができることは今後大変有利になると思うので、どうせ当分国へ帰れないなら、その期間中日本で勉強したらどうかと勧めた。そうしたら彼もそうしたいと言ってきた。ついては西原さん、どこか奨学金取れないか。」という手紙が来たのです。これが運営委員長を引き受けた二週間後なのですよ。こういうのが運命なのですね。私はすぐにイェシェックに返事を書いてたまたまこういうことがあった

エーザー教授（右）と筆者

ので、私が中国人の学者を推薦する中に入れることができるから推薦しよう、引き受けますと、こういう手紙を出して、現に彼は月一五万ずつ二年間、奨学金を頂いて日本に留学することができた。こういうことがあったのですね。

それがさらに次の発展を生むのです。ちょうど彼がいる間に、一九九三年に、これがまたマックス・プランク研究所の次の所長であるエーザー教授から「実はマックス・プランク研究所では違法阻却と責任阻却というテーマでいろいろな国との共同研究をやっている。たとえばドイツ・アメリカ、ドイツ・ロシア、ドイツ・東欧諸国というような形で比較法研究をやってきたが、ついてはドイツ・アジアでそれをやりたい。あなた、それを企画してくれないか。」と、こういう手紙が来たのです。私はアジア全体になるとちょっと広過ぎるからできないと。東アジアに限定をしてくれれば日・中・韓・台には友達がいるからできるだろうと。幸い台湾と韓国の学者にはマックス・プランクなど、ドイツに留学した人が多いから、ドイツ語のできる人を集めることができるだろう。そういうことで、ドイツ・東アジア刑法シンポジウムならできるという返事を出した。そして現にそれを行なったのですね。これは何と歴史上初めてなのです。とくに韓国は日韓国交回復後間もない時期でした。そういう国際舞台へ出るのも初めてということもあって、早稲田大学で大変いいシンポジウムができたのです。

その際問題となったのは中国で、開放後間もない時期ですから、ドイツ語も英語もできる人が少ない。そこで活躍したのが李海東だったのです。李海東みたいな人がいなければ中国を呼ぶことはできなかったろうと思うのですね。中国からどういう人を呼ぼうかと李海東に相談をしたところ、先ほど名前の挙がった高銘暄先生、これは中国刑法学会の大長老の一人で、日本でいえば団藤先生のような方です。李海東の中国人民大学における恩師でもあったのです。その人を代表にすべきだというので、その人に来ていただいた。その後、高先生と私との長年にわたる親交もそこから生まれてきたのですね。そのシンポジウムはマックス・プランク研究所からちゃんとした成果が刊行されて非常によかったのです。

いずれにせよ、こういうことで李海東が安田基金の奨学生の第一号なのですけれども、その後どうなったかというと、奨学生の数は原則として年三人と決まったのですが、最初は学問分野はあまり限定されていなかった。政治経済、社会科学分野に限ろうということにして、ただ法律だけには限らないということで出発したのです。私の場合、最初何人かは少し広い分野から推薦したのですが、だんだんと、いっそのこと刑法に絞っちゃおうということになって、五代目か六代目ぐらいから刑法に絞って推薦したのです。その結果、そういう人たちが二十人余り積み重なって、今中国刑法学会の中で一大勢力になり、日本派の中心になっているのはその人たちなのですよ。それが、それぞれ違う大学の若手・中堅教授になってきていますから、すごいことになったのですね。

それで、向こうではそういう人たちや、中には日本に奥さんを連れてきた人もいますから、奥さんぐるみの組織ができて、西原ファミリーと名づけられたのです。以前成文堂の編集部の部長をやっていた本郷三好さん、この方は今中国人民大学に勤めて北京にいるのですが、その本郷さんが長い間奨学生候補を見つけ出して指導教授に推薦状を書いてもらうなど、私の秘書役をやって下さったばかりでなく、たとえば成田に出迎えに行ったり、生活がちゃんとできているか調べたり、援助したり、日曜日に筑波山に連れて行ったり、いろいろ世話をしてくれたのです。だから留学生からすると私より本郷さんのほうが親しいのです。ですから、本郷さんを事務局長とする西原ファミリーの会というのがあって、私が中国に行くとそういう会が催されて、そこには安田の旧留学生だけでなく、私と親しい有力刑法学者なども参加するようになって、もうそれは大変なことになっているのです。

このように、日本の刑法学の中国への影響力を拡大するという非常に大きな役割を演じたのがこの基金だと言えるように思うのですね。たとえば今、中国では犯罪論の体系に関する議論があって、昔ソヴィエト刑法学の影響を受けて確立した、犯罪の成否を主観的要素と客観的要素に分けて判定するという考え方では十分ではない、たとえば構成要件という概念を入れるべきだとか、違法と責任を分けて考えるべきだというようなドイツ的な考え方を採る人が強くなってきた中で、そういう議論もちゃんと踏まえている日本派の学者の役割が非常に大きくなっているのです。少なくとも中国における法治主義国家理念の形成に私は日中刑事法学術討論会という形で貢献するとともに、日本の刑法学を中国に影響させる若手の学者を養成したという点で、私なりの役割を演じたなあというのが私の感想です。

七　これまでの総括と新しい企画

1　シンポジウム「日中刑事法の過去と未来」

高橋　今お話になった日中刑事法学術討論会と安田基金奨学生とを結びつける行事が近く予定されていますね。

左から馬克昌先生、筆者、高銘暄先生
『馬克昌文集』［2012年版］より転載。

西原　おそらくそのころにはこの本が発行されていると思いますが、今年の五月末に北京で「日中刑事法の過去と未来」と題するシンポジウムが計画されています。中国における私のパートナーのひとりが、前に話が出てくる高銘暄終身教授ですが、中国流にいうと今年が二人にとって米寿なのですね。そこで、二人の日中長老教授の米寿祝賀という趣旨をこめて、このシンポジウムが企画されたのです。これがどうして日中刑事法学術討論会と安田基金奨学生を結びつける行事になるかというと、確かに両者は元来関係なく進展したのですが、奨学生候補者の人選が、日中刑事法学術討論会を基礎とする人脈とだんだん関係するようになってきたのです。

今回のシンポジウムの中核になるのは、安田基金で日本に留学した中国の刑法研究者です。その総数は何と二十一人に上り、大部分は中国各大学・研究機関の主要メンバーに出世しているのです。そこで、その人たちを中心にし、奨学生は博士課程在学者の中から選びましたから、その時期の中国人の指導教授が片側に並び、彼らを受け入れて世話した日本の指導教授が他の側に並ぶという構成になっているのです。両国の指導教授はいずれも日中学術交流に高い関心を持っておられるばかりでなく、いまや両国刑法学会の指導的な立場にある方ばかりですから、そして二人の長老教授はその先頭に立って牽引してきた人ですから、このシンポジウムは、過去三十年にわたる日中刑事法学術交流の深さを物語るといってよいでしょう。マスメディアを通じ、世の中の人々に、日中はこのような形でも切磋琢磨し、交流を重ねてきたのだということを知っていただく契機になればと考えています。

佐伯　私も関係者としてご招待頂きましたが、とても楽しみにしています。

井田　お伺いしていると、今度のシンポジウムはこれまでの活動の一応の総括という性格を持っているように思われますが、先生の中国とのご縁はまだまだ終わりそうにありませんね。

2 「東アジア国際法秩序研究協議会」の発足

西原　いやあ、終わりそうもありませんね。実はこの四月から、外務省と連携しながら、東アジアに国際法秩序を確立するための具体的な行動を含む研究協議会が発足します。これは私が昨年以来外務省と折衝しながら設立を計画してきたもので、国際交流基金から三年間のプロジェクトとして財政支援を頂くことができれば、動き出すことになっています。委員、顧問には国際法研究者と、中国研究者を含む国際政治研究者約三十人にご就任頂き、福田康夫元総理に名誉顧問をお引き受け頂いております。私が主査を勤めることになっていますが、それは何といってもこの方面では中国との関係が最も微妙かつ重要なので、三十年にわたり学術交流を重ねる間に築き上げてきた信頼感なしには折衝を続けることはできないと思われるからです。

現在東アジアの政治状況が不安定な一番の原因は、島の領有権について立場の相違があるからです。本来なら、その問題に肉薄すべきところですが、問題の根はあまりにも深いので、それは極めて困難と言わなければなりません。そこで次にできることと言えば、東アジアにも法による秩序維持が必要だとの共通認識を確立することです。どの国もそれは必要ないとは言えないのですから、その方向から出発し、共通に承認しうる分野をできるだけ広げ、共通認識に至らない部分があれば、その理由を明らかにし、それを国際的な討議に委ねるという検討方法が最も現実的と思われます。

そこで、この研究協議会としては、⑴争点についての各国の主張そのものについては、議論はするけれども結論を出すことはしないから、自説の主張の根拠は、国際法学者の口を通じて存分に明らかにしてもらいたい。⑵最初から国際会議を開いても、喧嘩になるか、あるいは逆に、今後検討を継続しましょうという結論だけにとどまるかのどちらかになりかねないから、当分行わない。(3)各国に順次同種の組織、あるいは国際法学者を含めた数人のグループを作って頂き、検討は当分日本が間に入って、各国の主張の対立点の明確化、調整などを行い、時機を見て国際会議を開催する、という方法をとる。現段階ではこのような審議の仕方を考えています。

井田　アジアでは各国共にこの問題の重要性は認識しているけれども、どこの国も自国の立場を主張するだけで、なかなかとりかかることができないでいる。もしこのプロジェクトが現実に動きだしたら、困難も大きいだろうけれども、大変大きな第一歩を踏み出したということになりますね。

高橋　国がかかわりながら、議論を担当するのは民間という発想は、いかにも先生らしいですね。

西原　私は元来、外交は国が担当すべきものであるけれども、問題のいかんによっては、国ではできないけれども民間ならできるという場合があるのではないか。その場合でも、国の立場を離れた活動は民間といえどもすべきでない。二元外交になってしまいますから。今回の方策は、あるべき民間外交の一つのモデルになるのではないでしょうか。

佐伯　今の国際政治情勢を見ていますと、日本の場合、立派なお役人でも政府の立場に立つ限り、なかなか信頼して頂けない。その点、先生の場合、中国からの信頼感とか尊敬の念が長年にわたるご努力の結果築かれていますから、ほかの人ではできないことでもできるように思いますね。プロジェクトの成功を期待したいです。

八　西原先生の印象

佐伯　私、何回か西原先生と中国にご一緒させていただいて、二つ非常に印象的なことがあります。一つは、先ほども申し上げましたが、西原先生と中国の先生方との深い信頼関係です。高先生や王先生と西原先生との深い信頼関係があって交流が進んでいるということが本当に印象深いです。

西原　外から見ても分かるの。

佐伯　はい。それは本当によく分かります。もう一つは先生が本当にお元気なことで、朝早くから学会に参加されて、一日話を聞かれて、意見を述べられて、夜は、宴会に参加されて、宴会が終わった後は、たくさんのお客さんが先生のお部屋を訪ねてこられる。それを全部こなされて、また次の日、朝一番においでになって元気はつらつとされている。私のほうがずっと若いのですけれども、私のほうは疲れていて、西原先生のスタミナにはいつも感動しています。

西原　まあ、中国や中国人に慣れているっていうこともありますよね。

佐伯　いや、本当にお元気です。

高橋　先生、お疲れになることってあるのですか。疲れちゃったなんていうことは。

西原　そういうのはあまり感じないのですよ。

高橋　ストレスたまらないのですか。

西原　ええ、ストレスがたまるという実感はないのです。ストレスのある状態、それが仕事というか、それが生活そのものなのですよ、何十年も。生活そのものだから、特別に嫌なことをやっているとは受け取れず、普通のことなのですね。それが当たり前。

その上、やっぱり総長の激職を経験していますから、それに比べれば、忙しいスケジュールが組まれても、これは忙しすぎるのではないかと尻込みすることはない。それから大学紛争を経験して、何度も修羅場をかいくぐっていますから、あれ以上ひどいことはもうない、恐れることは何もないという実感があるので、もうなまじっかのつらさではストレスなんか感じない。当たり前なのです。

それともう一つ、ストレスというのは人間には必要なのですよ。ストレスがあるから人間の体を形づくっている細胞が生き生きと働き、元気でいられるのですね。度を超すストレスは恐ろしいというのが定説だけれども、大きなストレスが突然襲いかかってくるのが人生なのです。ストレス悪玉論だけではその時押しつぶされちゃうのですね。ではどうするか。ストレスといかに仲よくなるかです。私はそれを実践してきた。

井田　以前、ドイツでお話しさせていただいたときに、先生にお伺いしたことがあり、今でも心の中に刻まれています。自分と敵対する、関係のよくない人でも、あえて近づいていってポンと肩をたたいて、にこやかに話しかける。敵を自分の味方にする手法というのでしょうか。

西原　共通分母をつくるというのが私の方法なのです。例として挙げるのは、早稲田と慶応っていうのは永遠のライバルで、実は仲いいのだけれども、ひょっとしてたとえば早稲田の総長と慶応の塾長とがけんかしだしたら、周りは困るわけですよ。そのときどうするか。早稲田と慶応のレベルだけでは収まらないのですよ。対立しているのだから。共通分母をつくる。「私学」という共通分母を立てるのです。その場合は仮想敵をつくるのですよ。国立大学という。

高橋　東大ですか（笑）。

西原　国立大学に比べて国の予算の配分が私学に少な過ぎる。私学はもっと団結してやらなきゃいけない。そうすると、どっちも私学の雄を任じているわけですから、たちまちにして仲良くなる。ところがそうなると、今度は東大の総長と具合が悪くなる。それで具合が悪くなって困ったときどうするか。底辺を広げるのです、共通分母を「日本の大学」に広げると、早稲田の総長、慶応の塾長、東大の総長、京大の総長が一緒になって、仮想敵は文部科学省と財務省。もっと予算をよこせ、こういうことになると仲良くなる。こういう方法があるのですね。だから、次元をずらさないと駄目です。尖閣の問題だって日中の主張のレベルでは、にっちもさっちも進まないのですよ。やっぱり何か共通のものをつくらなきゃ駄目。共通のものは人類の歴史の大きな流れの延長線上に見えてくるのですね。

佐伯　歴史の大きな流れと伺って、中国で感じたことをもう一つ思い出しました。西原先生が孔子について中国でお話しになっている時に感じたのですけれども……。

高橋　孔子ですか。

佐伯　孔子ですね、儒教の。西原先生はご風貌が孔子を彷彿させる。あるいは風格がと言うべきかもしれません。中国の方は西原先生をご覧になると、なんとなく孔子を連想するのではないかと思いました。

高橋　孔子に似ているのですか。

佐伯　ええ。似ていると思いませんか。孔子、もちろん本人を見たことはないのですけど、なんかそんな感じをすごく受けました。

井田　確かに、風貌といいますか、外見でも先生は得をしていると思います（笑）。

佐伯　大人（タイジン）の風貌をお持ちで。

井田　そうですね。

西原　それはどうでしょうかね。これはもう先天的なものと後天的なものと両方が混ざっていると思うのですね。生まれは感受性の強い文学少年。それが育ちの中で一方において冷たい論理体系を徹底する法律学を学び、他方において激動の戦後社会の最前線で苦労し、苦労し、苦労し、苦心をしている間にぶ厚いよろいを着たのでしょうね。だから、今でも人間とか人生をいとおしく思う感性は持っているのだけれども、それに流されない強さを身につけたのだと思います。

井田　先生のお口から、忙しくてたまらないとか、どこか病気でつらいとか、そういうお言葉を聞かない。

西原　確かにここ数十年、病気で寝たことはないですね。インフルエンザに感染することはあるけれども、高熱が出て寝なければいけないというのはずっと昔あっただけです。だから体や健康に無頓着のように見えるかもしれないけれども、実は人一倍気を付けているのです。たとえば、総長になった翌年から毎年七月の末に三泊四日検査入院をして、体中徹底的に調べてもらうことにしている。それを基礎に、毎月一回、心臓や血液の検査をした上で主治医の診察を受け、薬の調整をしてもらっています。日本では検査技術が格段に進みましたから、今自分の体がどうなっているか、完璧にわかるのですね。

でも、健康のもとは何といっても気の持ちようだと思うのですね。私はいつでも仕事を作り出し、目標を作ってそれに向かってまい進するから、元気でいられるのだと考えています。さきにお話しした国際法秩序確立の仕事は三年計画で、おそらく三年間予算が付きますから、九十歳まで死ねないのです。歳とっている暇はないですね。

高橋　以前お聞きしたことですが、先生は、床に就かれるとパタッとすぐに寝てしまうのですね。そこら辺がやっぱり一般人と違うと思います。

井田　切り替えが大事ということですね。

高橋　普通の人はなかなかそう立派になれなくて、ついぐずぐず、だらしなくなってしまいがちです。

西原　しかし、立派な人ばかりでなく、だらしがなかったり、犯罪を犯すような人がいるから人間は面白いのですよ。平和は望ましいけれども、戦争を起こしたい人がいるから人生はいとおしいのですね。そういう心境にならなければ対立は収められない。許さないけれども次元の違う高いところで許す、つまり人間として受け入れる。それが法律学の根本精神ではないでしょうか。

高橋　そろそろ時間がまいりました。先生には、長時間にわたり、貴重なお話を伺わせていただき、本当に勉強になりました。先生に現役引退という言葉は似つかわしくありません。これからもわれわれを先導して下さり、また叱咤激励して下さいますようよろしくお願いいたします。

全員　どうもありがとうございました。

著者紹介

西原　春夫（にしはら・はるお）

昭和3年（1928年）東京・武蔵野市生まれ。昭和26年（1951年）早稲田大学第一法学部を卒業。昭和31年（1956年）同大学大学院法学研究科博士課程修了。早稲田大学助手、講師、助教授を経て、昭和42年（1967年）早稲田大学教授。昭和47年（1972年）法学部長、昭和57年～平成2年（1982年～1990年）早稲田大学第12代総長を務める。総長在職中に、日本私立大学団体連合会会長、文部省大学設置・学校法人審議会会長などを兼任。平成7年～平成10年（1995年～1998年）早稲田大学ヨーロッパセンター（ボン）館長。平成19年（2007年）瑞宝大綬章受賞。

現在、一般財団法人アジア平和貢献センター理事長、日本日中関係学会顧問、社団法人日中協会理事、公益社団法人日本中国友好協会顧問、公益財団法人矯正協会会長、少林寺拳法東京都連盟会長など。

《主要著書》

『間接正犯の理論』（昭和37年、成文堂）、『刑事法研究 第1巻、第2巻』（昭和42年、成文堂）、『刑法総論』〔法学基本問題双書17〕（昭和43年、成文堂）、『交通事故と信頼の原則』（昭和44年、成文堂）、『犯罪各論』（昭和49年、筑摩書房）、『交通事故と過失の認定』（昭和50年、成文堂）、『刑法総論』（昭和52年、成文堂）、『刑法の根底にあるもの』（昭和54年、一粒社〈初版〉、平成15年、成文堂〈増補版〉）、『大法廷判決巡歴 刑法Ⅰ』（昭和57年、日本評論社）、『早稲田の杜よ永遠に―わが師・わが友・わが人生』（平成7年、小学館）、『犯罪実行行為論』（平成10年、成文堂）、『21世紀のアジアと日本』（平成14年、成文堂）、『日本の進路アジアの将来―「未来からのシナリオ」』（平成18年、講談社）など多数。

西原　春夫（にしはら・はるお）　早稲田大学名誉教授

聞き手
井田　　良（いだ・まこと）　慶應義塾大学教授
佐伯　仁志（さえき・ひとし）　東京大学教授
高橋　則夫（たかはし・のりお）　早稲田大学教授

私の刑法研究

2015年5月20日　初版第1刷発行

著　者　西　原　春　夫
発行者　阿　部　成　一

〒162-0041　東京都新宿区早稲田鶴巻町514番地
発行所　株式会社　成　文　堂
電話 03(3203)9201　Fax 03(3203)9206
http://www.seibundoh.co.jp

製版・印刷　三報社印刷　　製本　弘伸製本

ISBN 978-4-7923-7105-0 C3032
定価（本体3000円＋税）